U0916020

“十二五”国家重点图书出版规划项目

洞庭湖生态经济区研究丛书

The Research Series of Dongting Lake Ecological Economic Zone

解决洞庭湖区季节性缺水方案比较研究

童潜明　韩伟　雷帆　黎波　著

湖南大学出版社

内容简介

本书以地学为主导，阐述了洞庭湖的形成和演化，总结了以往对洞庭湖的开发利用应吸取的教训，介绍了三峡水库运行前后洞庭湖的水量变化，论述了三峡水库运行后季节性缺水产生的原因及所带来的生态问题，初步计算了缺水量，列述了学者和职能部门提出的解决缺水的三大类32个方案（意见），以及按八项原则的比较，认为以效法都江堰水利工程开凿上荆江洋溪口引水经松滋河自上游至下游入洞庭湖“引江济湖”为最优工程方案。

图书在版编目（CIP）数据

解决洞庭湖区季节性缺水方案比较研究/童潜明，韩伟，雷帆，黎波著．—长沙：湖南大学出版社，2013.1

（洞庭湖生态经济区研究丛书）

ISBN 978-7-5667-0296-8

Ⅰ.①解…　Ⅱ.①童…　②韩…　③雷…　④黎…　Ⅲ.①洞庭湖—湖区—水资源短缺—导流—方案—对比研究　Ⅳ.①TV213.3

中国版本图书馆CIP数据核字（2013）第005888号

解决洞庭湖区季节性缺水方案比较研究

JIEJUE DONGTINGHUQU JIJIEXING QUESHUI FANGAN BIJIAO YANJIU

作　　者：童潜明　韩　伟　雷　帆　黎　波　**著**

策划编辑：刘　旺

责任编辑：刘　旺　韩　钦　**责任校对**：全　健　**责任印制**：陈　燕

印　　装：国防科技大学印刷厂

开　　本：710×1000　16开　**印张**：9.75　**字数**：186千

版　　次：2014年6月第1版　**印次**：2014年6月第1次印刷

书　　号：ISBN 978-7-5667-0296-8/Z·7

定　　价：39.00元

出 版 人：雷　鸣

出版发行：湖南大学出版社

社　　址：湖南·长沙·岳麓山　　**邮　　编**：410082

电　　话：0731-88822559(发行部),88821174(编辑室),88821006(出版部)

传　　真：0731-88649312(发行部),88822264(总编室)

网　　址：http://www.hnupress.com

电子邮箱：liuwangfriend66@126.com

洞庭湖生态经济区研究丛书

总　序

"洞庭湖研究丛书"是湖南省洞庭湖区域经济社会发展研究会的专家学者和实际工作者以洞庭湖区域经济、社会、文化发展为研究对象所取得的研究成果的结晶。"丛书"首卷于2011年问世，此后将陆续出版。它的出版，旨在为当政者提供决策参考，为后来者留下研究资料。

"洞庭天下水"，洞庭湖是世界知名的淡水湖，是湖南的母亲湖。它接纳四水，吞吐长江，通江达海，交通便捷。洞庭湖区物华天宝、人杰地灵、历史悠久、文化厚重。"湖广熟、天下足"，自古以来，它就以"鱼米之乡"誉满天下。新中国成立以后，八百里洞庭生机焕发，成为我国重要的粮、棉、麻、油、鱼、猪生产基地，为我国的粮食安全、水利安全、生态安全作出了巨大贡献，是湖南经济的重要支柱和最具活力的增长板块。面对经济全球化、信息化、工业化、后三峡时代和区域经济协调发展的新形势，洞庭湖区出现了许多新情况、新问题，面临着新的机遇和挑战。如何抓住机遇、迎接挑战、跨越发展，进一步发挥洞庭湖"生态之湖""调蓄之湖""富民之湖"的重大功能，是洞庭湖区人民的殷切期望，也是促进"长株潭"城市群两型社会和全面小康建设，加速中部崛起的客观要求。

2009年春，一批对湖区发展具有强烈使命感的专家学者和实际工作者，拟组建湖南省洞庭湖区域经济社会发展研究会，以便进一步系统深入地研究洞庭湖区域发展问题。在湖南省委、省政府的关心支持下，研究会于2009年12月24日正式成立。这是湖南省第一个以洞庭湖区域发展为研究对象的省级学术组织。

研究会成立以后，广大会员针对洞庭湖区域经济社会发展战略、发展规划、生态环保、水利交通、城乡统筹、产业升级、文化旅游、发展历史等重大问题，广泛调查、深入研究、举办论坛、集思广益、百家争鸣，逐步取得了一些成果，催生了这套“丛书”。

“丛书”的编写力图站在历史的高度、时代的高度、科学的高度，坚持历史与现实、理论与实践、经济与文化、生态与发展、系统与开放的有机结合，面向实际，面向未来，着眼全局，博取众长，努力使之具有科学性、前瞻性、时代性、可行性，为洞庭湖区域又好又快发展提供理论依据和智力支持。

发展无止境，认识无终点。今天的研究仅为开篇破题之举、抛砖引玉之作。我们将与时俱进，探索不止。希望能有更多的有识之士来为洞庭湖区域经济社会发展献计献策、赐教赐稿，让洞庭湖区这颗祖国的中部明珠更加璀璨，让“洞庭湖研究丛书”这块理论园地百花齐放。寥寥数语，言不尽意，权当总序。

2011 年秋于长沙

（总序作者系湖南省人大常委会原副主任、湖南省洞庭湖区域经济社会发展研究会会长）

前　言

三峡水库运行四年后的2007年，洞庭湖枯水季节严重缺水已为社会各界所共睹，有水利专家将其称为“季节性缺水”。为此，相关专家、学者和政府部门相继提出了解决洞庭湖季节性缺水的各种方案。2010年，湖南省洞庭湖区域经济社会发展研究会将“解决洞庭湖季节性缺水方案比较研究”课题下达湖南省地质科学研究院，由洞庭湖区域经济发展研究会首席专家童潜明教授的研究团队承担。本书即是该课题的研究成果。

洞庭湖任何问题的解决都要建立在科学认识洞庭湖的基础上。科学认识洞庭湖是多方面的，其中洞庭湖的形成与演化是一个重要方面，且大都涉及地质问题。因此本书第一章以地学为主导，从洞庭湖的形成、演化、近现代构造活动，以及其湖盆沉降记录、与鄱阳湖的比较等方面阐述了洞庭湖的特征；同时对历史上为开发洞庭湖的“围湖造田”，荆江“北口尽堵、四口南流”，以及“荆口裁弯取直”的利弊进行了分析。洞庭湖接纳四水，吞吐长江，通江达海，以“洞庭天下水”闻名古今中外，从无缺水之说。且在三峡水库运行前的所有论证也都认为三峡水库运行后枯水季节洞庭湖不会缺水，水位还会有所上升。可三峡水库运行后的实际情况与论证结论相反，出现了季节性缺水。本书第二章从三峡水库运行前后的入洞庭湖水沙变化和运行后季节性缺水的现状出发，深刻分析了洞庭湖季节性缺水的原因。洞庭湖是世界著名的珍贵湿地，本书第三章从生产生活用水日趋紧张、越冬候鸟种类和数量减少、农业鼠害加重、血吸虫疫区扩大、杨树栽植过度的负面效应及水质污染加剧等方面，论述了洞庭湖因季节性缺水所产生的日趋严重的生态问题。洞庭湖季节性缺水虽为各界共识，但大多是定性认识，而解决季节性缺水必须建立在缺水定量研究的基础上。故本书第四章根据湖泊功能和健康洞庭湖理念，介绍了洞庭湖季节性水资源缺乏的定量计算。预计到2030年，其缺水量约50亿立方米，其中缺最低生态需水量约0.18亿立方米。本书第五章则全面介绍了至2011年10月为止由童潜明教授个人或其团队、所属部门提出的32项解决洞庭湖季节性缺水方案，并将其归类，即引江济湖、蓄洪补枯和三峡水库提前蓄水三大类。每一个方案都是提出者从自身领域和占有资料出发，难免存在片面性。为此，本书第六章提出实施解决季节性缺水工程的八个原则并对其进行比较。八个原则是：①不能成为汛期洪灾的隐患；②不会因为荆江河床的冲刷或淤积而不稳定；③工程地质问题在现有的经济技术条件下是可行的；④不能使湿地生态格局有大的改变；⑤基本农田面积尽量少占，尽量不扰民、不移民；⑥有利于航运；⑦能满足洞庭湖湿地最低生态需水量和保证水资源用量；⑧投资要少且建设周期不能太长。针对这些原则认为“引江济湖”工程中的“效法都江堰开凿宝瓶口引岷江水入成都平原；在湖北宜都洋溪开凿洋溪口，引上荆江水通过松滋河入洞庭湖；以及在华容塔市驿开凿引水口，引下荆江水通过华洪运河入东洞庭湖”为最佳方案。

应该指出的是，以三峡水库运行为标志的洞庭湖季节性缺水是客观存在的，提出并对各种方案进行的比较主要是从地学研究出发，以及多学科交叉研究的一种归纳或总结，是有科学依据的。还应该指出的是，认识洞庭湖和建设洞庭湖涉及多学科、多部门，主要是水利，地学只是其中的一个方面，生态、环保和区域经济等学科亦非常重要。以地学为基础的研究可作为认识和建设洞庭湖的一个基础。过去对洞庭湖的建设因忽视地学、不遵循地质规律而导致许多弊端的历史，在解决洞庭湖季节性缺水的问题时必须改变。

童潜明

2014 年 4 月

目　次

01

以地学为主导谈洞庭湖特征

1.1 洞庭湖的形成

1.1.1 洞庭湖是断陷构造沉降盆地中的汇水洼地

我们生活的这个地球已经存在46亿年了，46亿年时间是由地质学对地球上最古老岩石的判测得出的。20世纪认为湖南最古老的岩石是中元古界的“冷家溪群”，其年龄是17亿年左右；20世纪末21世纪初，湖南地勘局和中国地质大学专家对浏阳文家市涧溪冲进行研究后得出，该地段岩石年龄为26.04亿～26.10亿年，被命名为下元古代“涧溪冲群”；后又有研究发现，在益阳市石嘴塘有31亿年前的海底火山岩，属太古代，因此有专家认为湖南最古老的岩石是太古代的益阳海底火山岩，其次是下元古代的“涧溪冲群”，再其次是中元古代的“冷家溪群”和晚元古代的“板溪群”。它们都经历了变质作用，成为变质程度不同的变质岩，这套变质岩构成了湖南的基底。洞庭湖就是在这个基底上的一个盆地，而这个盆地才形成1.5亿年左右。这样就产生了一些问题：在30亿年到1.5亿年这么漫长的时间里，洞庭湖区发生了什么变化？又如何在距今1.5亿年左右形成了洞庭湖？要回答这些问题，必须知道今天的地球其地质地貌之所以演变至此，主要是因为她经历了无数次的地壳运动。

对洞庭湖来说，现知影响她的第一次大规模的地壳运动是发生在11亿年前左右的“武陵运动”，“武陵运动”之前发生过什么运动现在还不清楚。“武陵运动”使湖南形成了一系列隆起带和凹陷带，洞庭湖区就处在隆起带中，之后除局部凹陷外，大部隆起，直到距今5亿年左右发生的又一次大规模地壳运动，即“加里东运动”。“加里东运动”使包括洞庭湖区在内的横跨湘、鄂、赣、浙的长江南岸一带整体隆升成陆地。此一隆升区就是地质学上著名的“江南古陆”。“江南古陆”在湖南段称“洞庭古陆”或“幕阜—雪峰古陆”。到距今1.5亿年左右，被称作“燕山运动”的地壳运动再一次大规模发生了。它对洞庭湖区的重要意义就在于使“江南古陆”在这个地段断陷下沉，结束了洞庭古陆的历史而形成了洞庭盆地，由于其四周都发生断裂，故洞庭盆地是一断陷盆地（图1-1）。洞庭湖是洞庭断陷盆地中的汇水洼地，到现在则是被大堤圈围的部分（图1-2），但却不完全是盆地中的洼地了，因为一些洼地被围垦为垸田，出现了“垸低湖高”和“悬湖”。

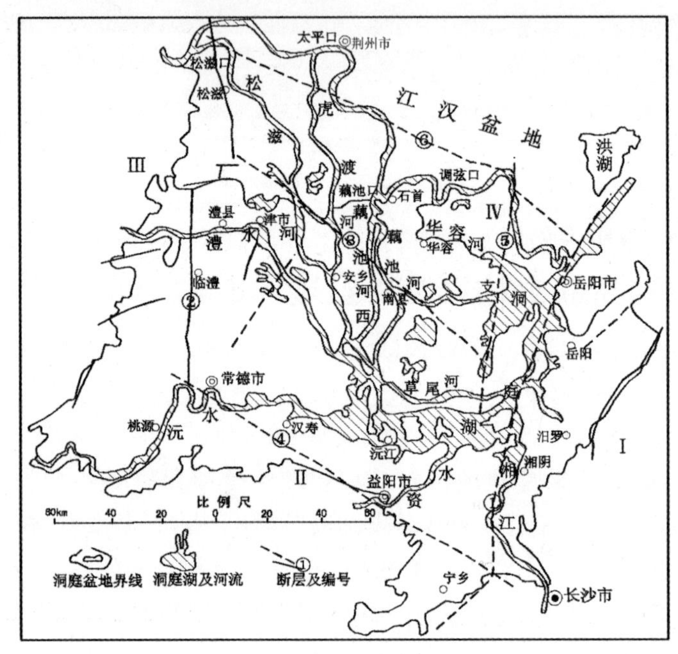

图1-1 洞庭断陷盆地概图

说明：①洞庭盆地周边隆起：东为幕阜隆起，南及西南为雪峰隆起，西及西北为武陵隆起，北为华容隆起。②洞庭盆地周边断裂：湘江断裂；松滋—临澧断裂；北景港断裂；常德—益阳断裂；监利—漉湖断裂；长阳—监利断裂。

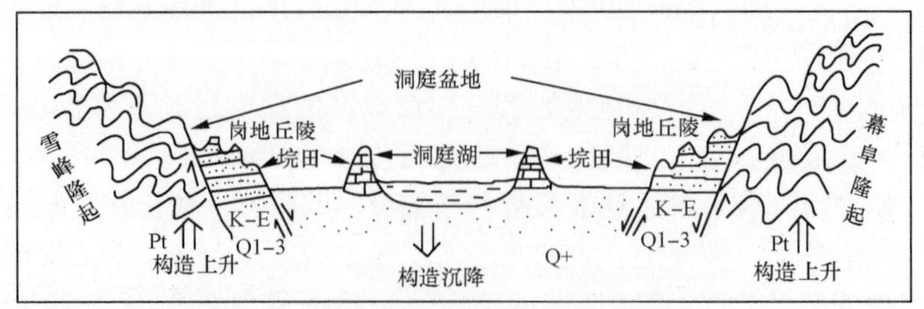

图1-2 洞庭盆地和洞庭湖关系示意图

1.1.2 洞庭盆地在新生代地貌形成过程中处于我国构造沉降带中

1.1.2.1 新生代中国或亚洲东部的“地形倒转”

新生代是指中生代白垩纪之后的第三纪和第四纪。第三纪在我国新制定的地层年表中改为古近纪和新近纪，前者是原来的老第三纪，后者则是新第三纪。它们的地质年限如表 1-1 所列。在这一地史时期，主要是新近纪和古近纪，亚洲及中国大地发生了一系列重大变化，主要表现为地形发生了由“东高西低”到“西高东低”的“地形倒转”，从而深刻地影响着洞庭盆地及洞庭湖的发展与演化。

表 1-1　中新生代地质年表

代	纪	世	距今年数
新生代	第四纪	全新世	1 万年
		晚更新世	13 万年
		中更新世	76 万年
		早更新世	260 万年
	新近纪 古近纪	上新世	600 万年
		中新世	2200 万年
		渐新世	3800 万年
		始新世	5500 万年
		古新世	6500 万年
中生代	白垩纪		1.37 亿年
	侏罗纪		1.95 亿年
	三叠纪		2.30 亿年

(1) 中生代地形总体向西倾斜，即东高西低

中生代从中侏罗世到中白垩世地形总体向西倾斜，有两点可以说明。一是在今天的东南沿海浙闽山区形成了带状山系（图 1-3），由于山系中山脉的隆升及剥蚀，山系中的山间盆地堆积了几百米至 2 000 余米厚的大套砂砾岩。直到今天，浙闽山区的最高峰仍然高达 2 158 m，平均高度 1 500 m。根据现在的高度和剥蚀量推算，白垩纪时这些山脉高达 3 500～4 000 m，宽约 500 km。浙闽山系为当时湘鄂地区的内陆湖泊提供了陆源沉积物质，可见从中生代早期到晚期，中国的大河源自东部而向西流。二是当时的亚洲尚未与欧洲、印度、中东相接，形态“苗条”，宽度只是今天亚洲的 50%左右。“苗条”的亚洲，大概从晚侏罗世一直延续到古近纪渐新世，有如中始新世的亚洲古地理图（图 1-4）。由该图可知，当时有西西伯利亚海，它向北连接北冰洋，向南通过图尔盖海道通到特提斯海，我国西部就是特提斯海滨海地带，地势很低。因此中生

代直到古近纪渐新世中国的地形向西倾斜，为东高西低（图 1-5）。

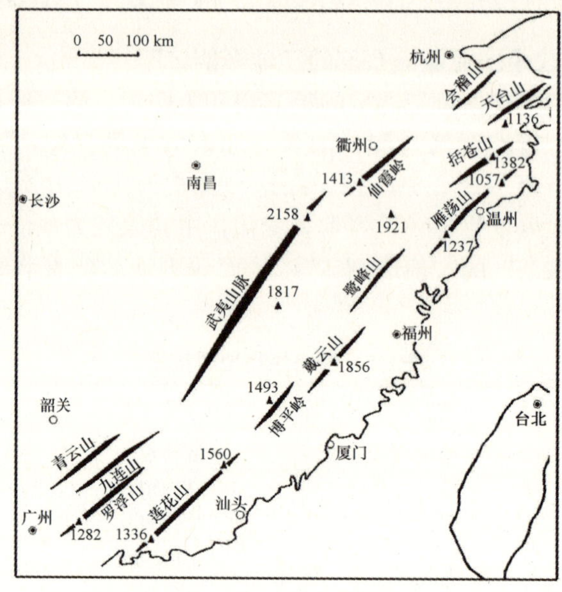

图 1-3　我国东南沿海带状山系

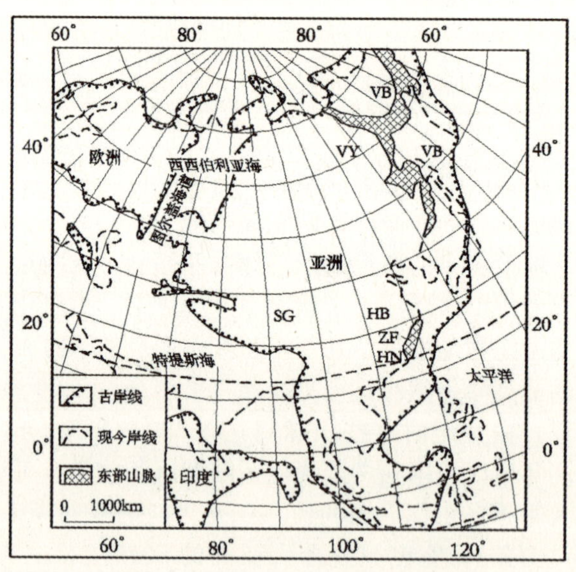

图 1-4　亚洲中始新世古地理略图

说明：VB——东亚火山带；VY——维尔霍杨斯克褶皱带；ZF——浙闽山地；
SG——松潘盆地；HB——湖北盆地；HN——湖南盆地。

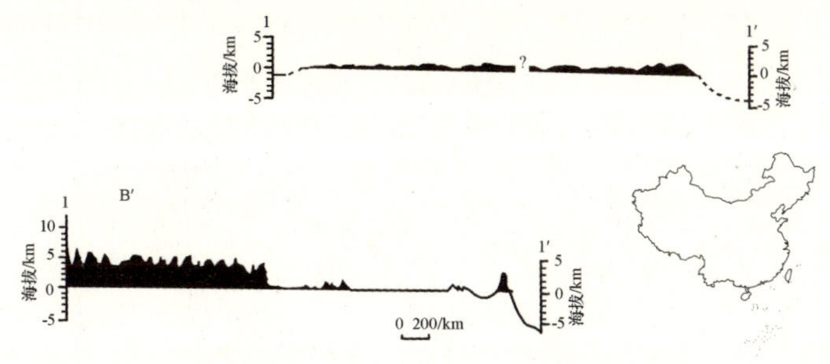

图 1-5　中国地形之倒转

说明：a—古近纪之地形；b—新近纪地形；c—剖面位置（Ⅰ—Ⅰ′）

（2）新生代地形总体向东倾斜，即西高东低

到新近纪中新世，青藏地区大幅度隆起，伴以大规模断裂和岩浆活动；到上新世末和第四纪更新世初，青藏地区整体隆升成为西高东低青藏高原。不仅在西部，同时中部也发生了隆升，这一点从亚洲河流网布局可得到佐证。汪品先院士提供的资料显示，现代亚洲河网系统一是流入西太平洋的东亚河流，如黄河。现有大量文献探讨黄河的历史，从源区直到入海三角洲，各家研究的结果虽不尽相同，但黄河入海的历史都限于更新世。近年来有报道指出黄河中游直到晚更新世才切穿三门峡东流入海（王苏民等，2001）。又如长江，它和黄河源头相似，有专家从长江三角洲大量陆上钻井地层的总结发现，长江三角洲沉积大都属于晚更新世和全新世，故其历史不会超过更新世（吴标云、李从先，1987）。二是亚洲北缘的大河，大都流入北冰洋，其中最大的三条河——鄂毕河、叶尼塞河、勒拿河蜿蜒于西伯利亚平原上。有专家根据古河流沉积及入海海扇沉积地层推断，叶尼塞河形成于晚上新世，勒拿河形成于早更新世，鄂毕河形成于中晚更新世。总之亚洲大陆东缘和北缘的大河年龄，要比世界其他地区的大河年轻得多，这些河流都发源于亚洲中部高原（图 1-6）。这就说明了有中部高原才有现代的河网，而现代河网形成时间也就反映了中部高原形成时间。因此青藏高原和中部高原从新近纪中新世到第四纪更新世初，所有高山、高原达到现今的海拔高度，造就了我国地形的向东倾斜，形成了西高东低的现代地貌格局。对这一地貌格局，我国的地质大师如李四光、陈国达院士等将中国东部或亚洲东部自东向西划分为第一构造沉降带、第一构造隆起带，第二构造沉降带、第二构造隆起带（图 1-7），洞庭盆地即处在第二构造沉降带中。

图 1-6　亚洲各大河流均源自中部高原

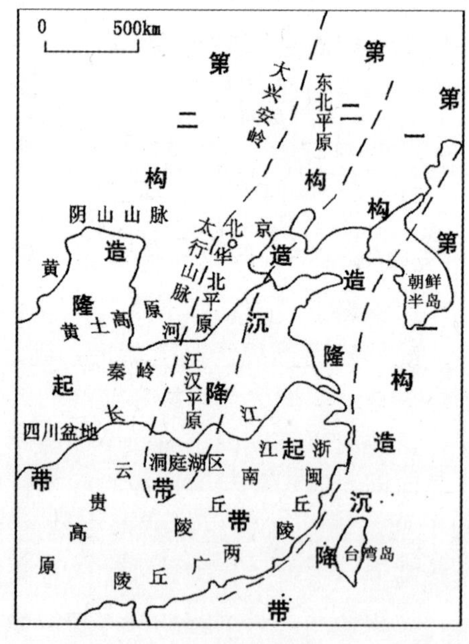

图 1-7　亚洲东部构造地形格局略图（资料来源：陈国达）

1.1.3“地形倒转”及沉降带的形成是板块运动的结果

板块运动是在大陆漂移假说的基础上建立起的地壳运动学说，可以利用大陆的形状、岩石、化石、古地磁等证据描绘出大陆在各个地质时期的位置；同时通过卫星定位系统预测大陆的位置。2 亿年前的二叠纪到未来 5000 万年的全球大陆位置如附录图 1 所示。从中生代到新生代亚洲东部发生的“地形倒转”就是这个时期发生的板块运动。

1.1.3.1 中国西部印度板块与亚洲板块碰撞

碰撞的原因：因为印度洋中脊的加速扩张，印度板块以 6～12 cm/a 速度向北推移了 5 000～7 000 km。到始新世末和渐新世初，两板块碰接，古特堤斯洋消失成陆；继而印度板块俯冲于亚洲板块之下，就像一个楔子揳入青藏山根，使其迅速隆升，从而形成了世界屋脊的青藏高原，且至今仍以 0.5～1 cm/a速率上升。(附录图 2)

1.1.3.2 中国东部太平洋板块与亚洲板块碰撞

碰撞的结果一是太平洋中脊扩张，以 6～11 cm/a 速度向东移动，发生了太平洋板块向亚洲板块和菲律宾板块的俯冲，从而导致了日本列岛和我国台湾岛等向我国内地靠拢，如日本鹿町岛与上海市正以 2.9 cm/a 速度缩短距离，以及浙闽沿海山地隆升。对于浙闽沿海山地是否在隆升，陈国达院士早就指出：“现阶段地壳运动方向是在正向隆升过程中。”二是太平洋板块移动方向由 NNW 转向 NWW，导致其张裂，形成了鄂尔霍次海、日本海、东海、南海等边缘海。(附录图 2)

1.1.3.3 洞庭盆地处在板块碰撞造成的隆升带之间的沉降带中

如果将亚洲东部构造地形格局与整个亚洲及其东、西部的板块运动造成的结果比较，那么第一构造沉降带就是太平洋板块移动方向改变，导致其张裂而形成的鄂尔霍次等边缘海；第一构造隆起带就是太平洋板块和菲律宾板块向亚洲板块俯冲导致的沿海山地的隆升；第二构造隆升带就是印度板块与亚洲板块碰撞后强烈隆升的青藏高原；第二构造沉降带自然就是亚洲板块西受印度板块，东受太平洋板块、菲律宾板块夹击的沉降凹陷地段，这正是洞庭湖区所处地段。因此只要板块运动不终止，洞庭湖区所处沉降凹陷就不会终止，洞庭湖也将继续存在。

1.2 洞庭湖的演化

构造沉降是湖泊存在的先决条件，只有构造沉降才能形成湖盆；气候条件决定有水汇入湖盆才有湖泊，故气候条件是湖泊存在的必要条件。如果停止构造沉降或转入构造上升，例如“燕山运动”，就形成了湖南一系列北东向的山间盆地，如衡阳、沅（陵）麻（阳）、醴（陵）攸（县）、长（沙）平（江）等盆地，汇水而成内陆湖泊，有数千米紫红色碎屑沉积。后来在新近纪由沉降转为上升，这些湖泊就消亡了，现在成为丘陵岗地及局部低山地貌。如果气候条件中的降水量小于蒸发量，无水入湖盆，自然就不存在湖泊。例如我国大西北许多山间盆地，虽然构造沉降造就了湖盆，地史上曾是湖泊，但是新近纪以来，由于蒸发量远大于降水量，湖泊干涸消亡沦为沙漠。而洞庭湖的演化则是在有构造沉降和降水量大于蒸发量的基础上，加上泥沙淤积变化才实现的，一般有三种情况：

一是构造沉降速率＞泥沙淤积速率，湖泊兴而扩大；

二是构造沉降速率＜泥沙淤积速率，湖泊衰而萎缩；

三是构造沉降速率大体与泥沙淤积速率相当，湖泊就稳定地存在。

洞庭湖演化的构造沉降是内力地质作用的结果，是一种自然且不受人为因素影响的地质作用。如前所述，洞庭盆地处于我国第二沉降带中，总体处于沉降状态，但其速率在时间上（不同地史时期）和空间上（盆地中的不同地域）是有变化的。如果在某个时段沉降速率快，即使有相同的泥沙淤积，湖域也会扩大而兴；如果某个时段沉降速率慢，即使有相同的泥沙淤积，湖域也会萎缩而衰；如果只在湖盆中某些部分沉降速率快，它就成为湖域，而沉降速率慢的地域就是陆地，使洞庭湖在空间上有变迁。泥沙淤积是外力地质作用，除了自然因素，同时还受人为因素的影响。有专家根据各个时期内外地质作用的综合结果发现，洞庭湖经历了从有了人类出现后的第四纪更新世的旧石器时代，到全新世的新石器时代（大溪期和屈家岭期）和历史时期，直到现代的演化（图1-8），由此可知洞庭湖在各个时期有很大的变化。在这些变化中，以前人类对洞庭湖的兴衰变化影响甚微，以后特别是近、现代，其影响日益增加，在很大程度上制约了洞庭湖的兴衰变化，如围湖造田即是。

洞庭湖的演化，主导作用是时间和空间上构造沉降的不均匀性，这是毋庸置疑的，但这种不均匀性还受到沉降带内相邻构造的影响，即为北邻的华容隆起和江汉盆地的影响。这是因为它们之间的构造活动有所差异，因而引起盆地中汇水洼地即洞庭湖和云梦泽的兴盛或萎缩，有如《中国国家地理》2007 年 5 月总第 559 期《再造千里洞庭》所述，现照抄如下：

“洞庭盆地的洞庭湖，江汉盆地的古云梦泽都是汛期与江水连成一片，相继成为广阔水域的通江湖泊。这是世界上普遍的成湖机理。湖南省地质研究所童潜明教授认为，洞庭、江汉两个盆地，以华容隆起为界，分处长江两岸，目

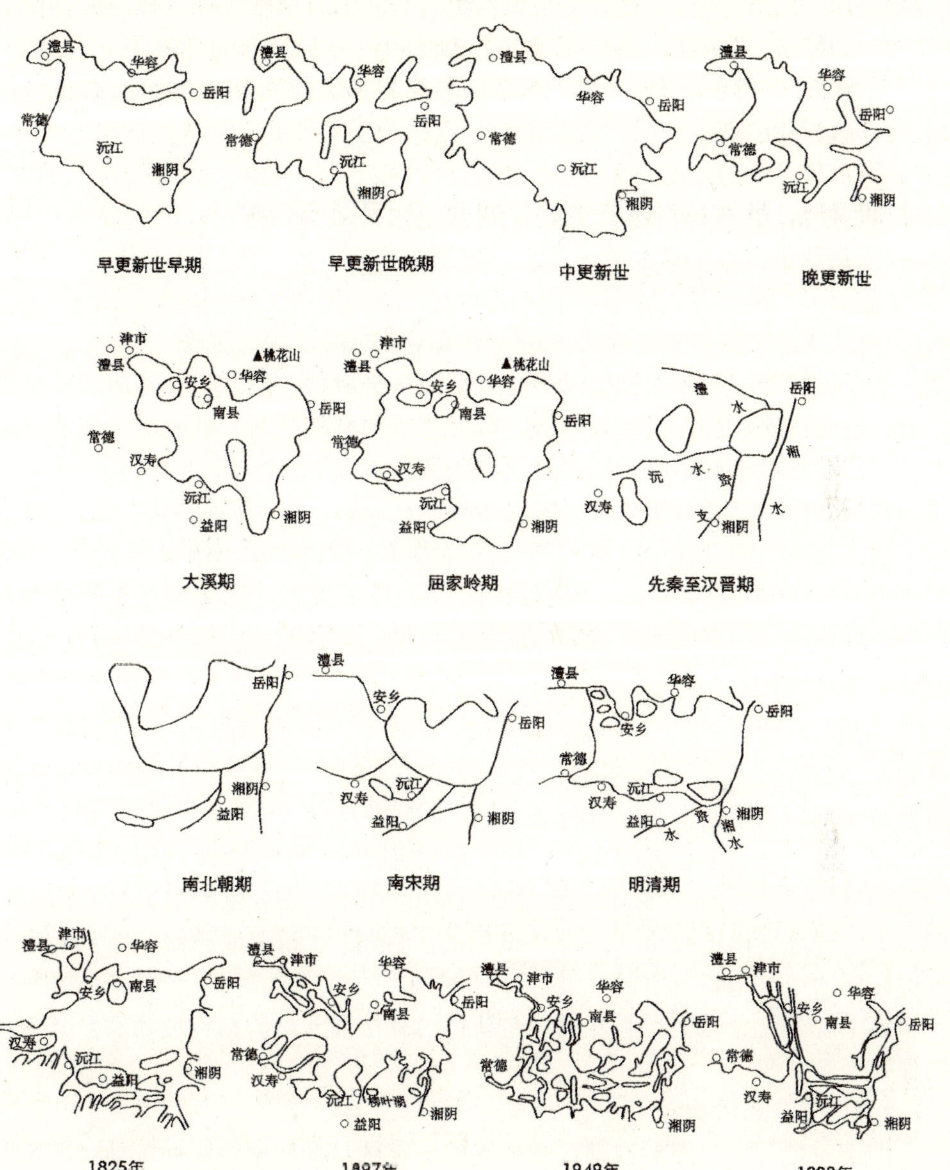

图 1-8　从更新世早期至今各个时期的洞庭湖范围

前仍处于沉降之中。历史上，北面的江汉盆地曾有令人遐思万千的云梦泽，后来在南边洞庭盆地又诞生八百里浩瀚景观的洞庭湖。童教授称，曾经的江汉盆地与洞庭盆地，一个高，另一个就低；曾经的古云梦泽与洞庭湖，一个变大，另一个就变小。它们就像一对以华容隆起为支点的饶有趣味的‘跷跷板’两端。”（附录图 3～图 6）

1.3 洞庭湖区的近现代构造活动及沉降记录

1.3.1 近现代构造活动

1.3.1.1 近 1 万年全新世的河湖冲淤积层中的构造活动遗迹

全新世的河、湖冲淤积泥沙层一般都呈水平层状，但如果有新构造活动的影响，就会出现断层、倾斜和褶皱。常见到的洞庭湖区河、湖冲淤积泥沙层是水平层状，也可见到断层、倾斜甚至褶皱等现象。

例如 2006 年 11 月本项目研究者考察洞庭湖时，在南洞庭湖从沅江市穿越东南湖至花瓣山的湖汊中，就见到水平层状的淤积泥土层（附录图 7）变为向北西倾斜，倾斜角度达 10°～15°（附录图 8、附录图 9），而上覆水平层状的泥土层。因为这一年洞庭湖干涸为同期历史最低，湖底露出，才使该倾斜泥土层得以“重见天日”。

又如洞庭湖区西岸澧水支流之溇水，湖南省地质研究所李友贵高级工程师和本项目研究者于 1993 年进行地质灾害勘查时，在溇水河谷发现全新世地层褶皱和断裂（附录图 10、附录图 11）；同时距此处 1 400 m 处有专家于 1964 年发现，该处在白垩系紫红色砂岩、粉砂岩夹钙质页岩中发生地裂，地裂缝长一百余米，宽 3～4 m，深十余米且不见底，当时造成房屋倒塌，一小山包一分为二，淹埋良田近百亩（一亩＝667 m^2，后同）（湖南地质研究所《湖南省洞庭湖区西岸区地质灾害勘察报告》，1993）。

以上现象充分说明，洞庭湖区全新世时有比较强烈的新构造活动，其遗迹尚保存至今。

1.3.1.2 地震活动

湖南是少震区，但洞庭湖区则是省内多震区。据湖南地震局统计，湖南省境内自 1500 年至 1940 年的 400 多年间共发生 Ms≥4 $\frac{3}{4}$ 级地震 20 次（表 1-2），洞庭湖区有 12 次；湖南省 1971 年在省内相继建立地震台网进行观测，从 1971 至 1999 年止，共记录到大小地震约 3 000 次，洞庭湖区占了构造地震一半以上，其中 Ms≥2.0 级的有 113 次。

表 1-2　湖南省历史地震目录（1500～1940，$Ms \geq 4\frac{3}{4}$）

发震日期	震中位置			震级（Ms）
	纬度	经度	地点	
1509	28.6°	112.4°	益阳、宁乡	4.75
1516	29.4°	112.0°	宁乡	5.00
1542.05.22	28.4°	112.4°	宁乡	4.75
1599.01.24	25.3°	111.7°	道县东	4.75
1626.10.08	26.9°	109.7°	会同	5.00
1628.春	29.0°	111.4°	桃源西北	4.75
1631.08.14	29.2°	111.7°	常德	6.75
1631.11.01	29.2°	111.7°	常德东北	5.50
1631.11.08	29.3°	112.0°	常德安乡	5.75
1632.02	27.1°	111.1°	隆回	4.75
1639.04.15	38.3°	112.4°	宁乡西	4.75
1640.冬	25.8°	113.1°	郴州东	4.75
1710.04.16	27.8°	111.3°	新化	5.50
1717.07.16	29.5°	112.0°	安乡	5.25
1782.04.30	25.6°	111.9°	宁远	5.00
1785.12.14	29.3°	112.3°	安乡	4.75
1843.03.19	29.3°	111.8°	常德西北	4.75
1853.02.08	25.2°	111.7°	江华岭东	5.00
1906.08.12	29.1°	111.7°	常德	5.00
1931.08.16	27.5°	112.4°	双峰	4.75

湖南省地震局 1982 年编著了《湖南地震史》，按该书记述，湖南省有文字记载的第一次地震和最强的地震都发生在洞庭湖区。

第一次地震：《后汉书献帝本纪》卷 9 记述建安十四年十月（公元 209 年 11 月 15 日）发生了荆州地震，因为当时荆州刺史驻今常德市东北 30 里（1 里＝0.5 km，后同）处的索城，故荆州地震其实就是常德地震。

最强的地震：公元 1631 年 8 月 14 日（明崇祯辛未四年七月十七日夜）澧县和临澧（时称安福）发生地震。清乾隆《澧州志》卷 19 记述："七月地震，常澧州为甚，震时吼声如雷，房倾树倒，压死者众，或地裂沙随水涌，腥气逼人，男女皆露宿月余。十月十五日又大震，连震无时，数岁乃止。"康熙《安乡县志》卷 2 记述："十七夜地震，自东北来，声如雷，地裂坼涌水，凡地裂坼者红水溢出，树倒屋倾，鸟畜惊奔鸣吼，压死人无数，百姓建醮弭灾。"《明灾录·崇祯长编》卷 48 记述："湖广常德府夜半地震，有声从西北起，其响如雷，须臾黑气障天，震撼动地，井泉喷溢，地裂孔穴，浆水涌出，带有黄沙者六处，倒塌荣府宫殿及城垣房屋无数，压死男女六十人，同日所属桃源、龙阳（今汉寿）、沅江，辰州府所属沅陵，靖州府所属会同，长沙府所属长沙、善化、湘潭、湘阴、醴陵、安化，承天府所属钟祥、沔阳、潜江、景陵等州县俱震。又于次日澧州亦震数次，城内地震，城墙房屋崩坏，压死居民十余人。王家井喷出黄水，铁尺堰喷出黑水。彭山山脉倒，河为之淤。又荆江府同日亦震坏城垣十之四，民舍十之五，压死军民十余人。”康熙《岳阳府志》卷2记述：“地大震，常澧为甚，震时仿佛有金睛闪烁，环绕民居，识者以为售，民露宿月余，不能入室，所在地震，黑沙瀑涌，腥气逼人，隍池顿竭。”此外桃源、益阳、宁乡、湘阴、沅江等县于康熙、乾隆年间所修县志对此次地震亦有记述。上列记述中的“彭山山脉倒，河为之淤”即是澧县与临澧交界处澧水南岸之彭山因当年地震引起的滑坡，即“彭山山脉倒”直抵澧水使“河为之淤”，此次地震灾害现尚存遗迹（图1-9，附录图12、附录图13）。

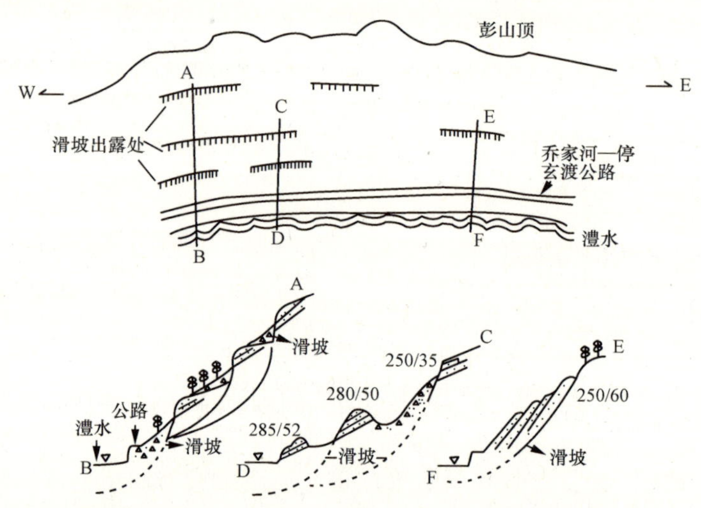

图1-9　1631年常、澧地震的彭山滑坡遗迹示意图

最近两次有感地震：1979年2月18日的澧南地震发生在澧县澧南至道河间，震时听到沉闷响声，人站立不稳，田塘水面荡起微波，房屋瓦片普遍震松、移动、掉落，部分震碎，有的门窗框架变形，砖石墙体开裂、剥落，还有墙基裂开错位。2005年10月26日凌晨的石门地震，当时一声巨响，石门县城的房屋都晃动了一下，震中在甘溪镇，震感最强处在新关镇，一些房屋产生很深的裂缝。

根据以上地震记述，科学评价地震级次，最早记录是发生在常德的“荆州地震”为5级，最强的常澧地震是6.8级，最近有感地震的澧南地震是3.8

级，石门地震是 3.2 级。这些地震是与洞庭盆地西部的太阳山在新构造运动期间断裂的活动有关。如 1631 年的常澧地震和 1979 年的澧南地震的等裂度图（图 1-10、图 1-11）反映的地震影响带都呈北东向的椭圆形，与太阳山断裂带走向一致，且其震源深度都是 20 km。

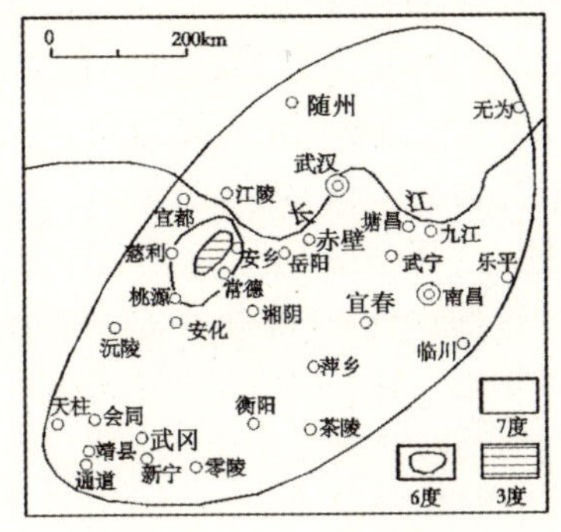

图 1-10　1631 年常澧地震等裂度图

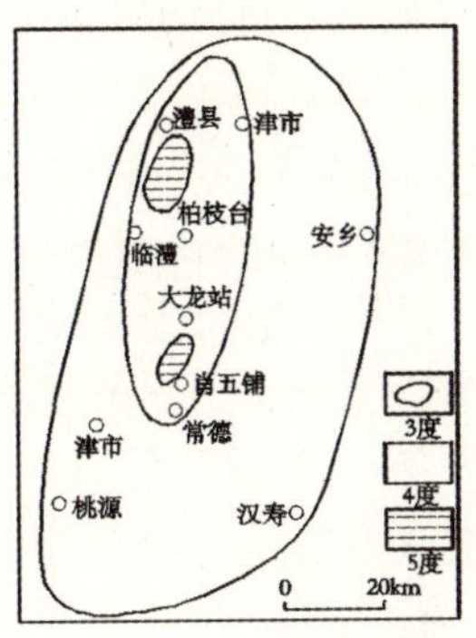

图 1-11　1979 年澧南地震等裂度图

1.3.2 近现代沉降记录

1.3.2.1 直接测量数据

①长江水利委员会分别于 1925 年、1947 年、1953 年三次重复水准测量，28 年中各测点是：湘阴下降 250 mm，华容下降 320 mm，石首下降 320 mm，监利下降 280 mm。上述观测点年平均下降 10.45 mm。

②广州地震大队于 1958 年、1972 年在洞庭南缘两次水准测量结果显示，14 年内各观测点的上升幅度分别为：长沙 13 mm，宁乡 27 mm，沧水铺 29.3 mm，益阳 20 mm，常德 34.4 mm，陬市 20 mm，热水 46.7 mm。上述测量点年均上升 1.94 mm。

③洞庭湖区各堤垸中的水位观测网点的水尺多建于 20 世纪 50～90 年代，当时测定了其起始高程；1995 年湖南水利系统对其进行了统一修测，又得出一个高程。湖南省地质调查院根据 42 个水尺基准点的起始高程和 1995 年的施测高程差值数据（表 1-3），于 2002 年完成的《长江中游洞庭湖区环境地质调查评价报告》认为，两次高程差值直接反映了当地的地面沉降变化。他们通过对 42 个水尺基准点数据的计算，确定地面沉降速率多为 5～20 mm/a，平均8.64 mm/a。

表 1-3　洞庭湖区 42 个水尺基准点 1995 年施测高程变化情况

	站　名	差值	建设年代	变化率（mm/年）		站　名	差值	建设年代	变化率（mm/年）
安乡安昌	安宏	－0.63	1976	－33.00	华容安	合操军	－0.22	1974	－10.48
安乡安澧	小望角	－0.60	1979	－25.00	华容护	北景港	－0.30	1955	－7.50
安乡安澧	潭子口	－0.66	1957	－15.05	津市	石龟山	－0.32	1952	－7.44
安乡安澧	大湖口	－0.43	1955	－10.75	澧县西	碌矶湖	－0.42	1965	－14.00
安乡安造	安全修防会	－0.34	1965	－11.33	澧县	官垸	－0.53	1955	－13.25
安乡安造	水文站	－0.39	1955	－9.75	南县南	武圣宫	－0.36	1975	－17.85
安乡安造	董家垱	0.00	1989	0.00	南县南	白蚌口	－0.48	1950	－10.69
常德八官	芷湾	－0.06	1958	－1.51	南县南	厂窖	0.02	1951	0.55
常德丹洲	河洑	－0.29	1950	－6.47	南县永	固梅田湖	－0.29	1958	－24.00
常德民主	蒿子港	0.00	1966	0.00	南县永	固永吉	－0.19	1980	－12.40
常德民主	沙河口	0.03	1962	1.00	南县育	乐三仙湖	－0.12	1988	－17.71
常德三合	邱家昏	－0.19	1963	－8.73	桃源陬	源分水脑	－0.14	1968	－5.04
常德善卷	杨澜桥	－0.18	1986	－18.30	益阳长	春窖山口	－0.40	1973	－18.18
常德善卷	田井昏	0.00	1978	0.00	益阳长	春托口港	－0.33	1972	－14.39
常德八官	牛鼻滩	－0.18	1954	－4.39	益阳长	土凌港	－0.01	1988	－1.29
常德	石龟山	－0.04	1952	－0.93	益阳民	主甘溪港	－0.27	1951	－6.02
汉寿共双	茶幸福港	－0.05	1991	－12.50	岳阳建	新荆江门	－0.10	1958	－2.62
汉寿共双	泗湖山	－0.09	1965	－3.00	岳阳民	生友谊闸	0.04	1973	1.64
汉寿共双	茶洞庭红	－0.05	1969	－1.92	岳阳新	华轭头湾	－0.18	1966	－6.10
汉寿共双	茶草尾	0.00	1947	0.00	岳阳新	华上高	－0.10	1975	－5.20
华容护城	宋市	－0.09	1979	－5.38	岳阳新	华血湖沟	－0.11	1965	－3.70
算术平均									－8.64

④洞庭湖区自 1949 年以来堤防工程水闸和电排站密集分布，全区有 2 000 多个站点，各站点的基点地下深埋 6～8 m，故其地质稳定性好。在站点修筑完成后，一般都由国家三等以上水准点引测到湖区各站点进行高程测量，故可认定这些站点是前人建立的水准测量墩标，现在再对其进行高程测量，两次高程差值为地面沉降量。湖南地质调查院于 2002 年 10 月 15 日至 11 月 30 日历时 45 天，完成了 64 个有代表性电排站（闸）测量，通过计算得出地面沉降速率主要集中在 5.0～18.3 mm/a，较大值可达 22.70～27.68 mm/a。

1.3.2.2 间接对比数据

①两期地形图高程点统计比较。可选择的地形图范围内无溃垸、放淤及削填土石工程，统计点回避坡地、湖塘水域、孤立高程点、防洪大堤堤脚。湖南地质调查院于 2001 年对 20 世纪 70 年代和 90 年代的 1∶10 万图幅覆盖面积 2 553 km^2统计计算，得出构造沉降速率为 8.4 mm/a。

②中国地质大学梁杏等人在 2000 年利用 1952—1988 年水下地形量测法的地形高程增大值与输沙平衡法泥沙平均淤高值之差得出沉降速率，东洞庭湖为

11.39 mm/a，南洞庭湖为 8.06 mm/a。

上述各种方法求得的洞庭湖区沉降速率列于表 1-4，约为 10 mm/a，而洞庭湖周边（盆地）却在上升，其速率接近 2 mm/a。

表 1-4　洞庭湖区沉降速率

沉降速率（mm/a）	求取方法
10.45（平均）	1947 年、1952 年、1953 年长江水利委员会重复水准测量
5～20，平均 8.64	湖南地质调查院根据水利系统不同年代水尺基准差值测量
5～18.3	湖南地质调查院对水闸、电排闸基点测量比较
8.4	湖南地质调查院对不同时期地形图高程比较
8.06	中国地质大学根据水下地形图高程增大值与输沙平衡法泥沙淤高值比较

1.4 历史上对洞庭湖的重大开发和治理后果分析

1.4.1 洞庭湖区的围湖造田

洞庭湖地区由两部分组成，即水体和泥沙淤积物。第四纪之前淤积物经过成岩作用已成为岩石，第四纪特别是全新世 1 万年以来的淤积物还是泥沙。从某种意义上讲泥沙是创造人类文明的物质基础，当今世界古文明的发源地，无一不是在由泥沙淤积形成的冲积平原上，如埃及的尼罗河文明，古巴比伦的两河文明，古印度的印度河文明，我国的黄河文明和长江文明。洞庭湖区属长江流域，是长江文明最重要的组成部分，是农耕文化栽培稻的发源地。据 2011 年《财经》第 11 期报道，美国科学院院刊（PNAS）发表的美国科学家一项大规模基因测序分析稻米进化史的研究中，确认亚洲栽培稻起源于中国 8200 年前洞庭湖区的澧县彭头山文化层；据 20 世纪 80 年代以来的考古发现，洞庭湖 8000 年前有围壕 5 万～6 万平方米的八十垱遗址是最早的城市雏形，那么到 6400 年前有城墙的 8 万平方米城头山遗址已是真正的最早的城市。这就意味着洞庭湖区的泥沙淤积孕育了湖南省乃至世界最早的农业和城市文明。

以后随着人口的增加和生产力的提高，人们要求有一个比较稳定的生产、生活环境，于是就在湖洲滩涂筑一些壕沟土埂，并将其圈围起来以免洪水淹没，这就是围湖造田的萌芽。洞庭湖区有史可查最早的围湖造田史是东汉初年（25 年），光武帝刘秀的舅父樊重在西洞庭湖区今常德市东北 48 km 处挽州成垸，称“樊陂”，“有肥田数千顷，岁收谷千万斛”（《元和郡县志》）。以后围湖造田不断发展，三国时丹阳太守李衡在龙阳（今汉寿）汜洲上“作宅”，“种橘千株”，“岁得绢数千匹，家道富足”；西晋末年，巴蜀流民数万人流入荆湘，遍布于洞庭湖区边缘空地围垦；东晋初年（317年），原在河南本氏县境的义阳郡流民大量拥入洞庭湖西岸围垦；刘宋元徽二年（474年），割益阳等滨湖土地安顿巴蜀流民围垦。由此可见，在东晋、南朝之际，洞庭湖区的围垦已形成一定规模。为此这一时期在洞庭湖区周围（主要在西部）新设郡县以征赋税，东汉时安乡北设作唐县，三国时在作唐县东设安南县，北宋时设湘阴县，南朝肖梁时在今沅江市东之南洞庭湖中设药山县、重华县，并设药山郡。围湖造田的同时是兴修水利，据《新唐书·地理志》记载，唐代武陵县（今常德）兴修水利十余次，灌溉良田千顷。

洞庭湖围垦最盛时期自唐代以后大致可分为宋元、明清、民国及新中国成立以来四个时期。宋元、明清时期部分挽垸筑堤情况如表1-5所列，可知这一时期筑堤挽垸主要在洞庭湖的北、西南缘环湖诸县。清末至民国年间围湖造田伸向湖区腹地，如1904年在南洲挽围种福垸，总面积有5万余亩，是洞庭湖区最早的一个大垦区。据相关记载清末围垸比较多的有华容、安乡、南洲（南县）、武陵、龙阳（汉寿）、湘阴六县，共围垸550个，与清末前的围垸相加共计1 094个，600万亩。1935年共有堤垸1 479个，500余万亩。新中国建立后的1949年冬湖南省政府对湖区和四水尾闾的临湘、岳阳、华容、南县、安乡、澧县、常德、汉寿、益阳、湘阴、湘潭、桃源、长沙等十三县进行调查，共有堤垸993个，约550万亩，以后则开展了空前的围湖造田。据湖南省水利厅提供的明细表（表1-6），到20世纪70年代围湖造田面积达1 933.7 km^2，而1949年以前历代历朝总共才1 028.3 km^2。

表1-5　宋元、明清时期洞庭湖筑堤挽垸情况

地　区	宋元时期	明清时期
岳阳	偃虹堤（1041—1049年）、白荆堤	护城堤、九龙堤、永济堤、南津堤（明朝）
华容	黄封堤（1054—1056年）	挽有48垸，1412年水决46垸，后相继修复
湘阴	南堤	修复荆圹、塞梓二垸，建古圹、军民二垸
临湘	赵公堤（1324—1328年）	
沅江		在县东40里的蒋保区筑垸13处，又挽垸10处（1368—1378年），后来水浸被废，溃而还湖
龙阳（汉寿）		在县东及县西修障29处（1534年），1560年溃决，1575年修复，又筑堤17处，其中大围堤长120里
澧县		建护城堤（1469年）、管公堤（1594年）
安乡		筑垸堤27处（1573—1620年），堤高数尺、宽尺余，有垸如同无垸
常德（武陵）		筑芦洲障、姚家障、木瓜障三垸（1573—1620年）。县东6处：柳堤、东田堤、长江堤、屠家堤、皂角堤、宿朗堰堤；县西4处：槐花堤、花猫堤、南湖堤、赵家堤（1522—1567年）
益阳		千家洲大垸、长洲小垸、沿河垸（1573—1620年）

表 1-6　洞庭湖区围垦情况明细表

时　期	垸　名	围垦年份	围垦面积（km²）		
			小计	1949 年前	1949 年后
堵支并流并垸	大通湖	1949	421.8	108.4	313.4
	杨林寨	1952	30.0		30.0
	烂泥、凤凰湖	1952	77.0		77.0
	民主阳城垦区	1954	351.5	207.6	143.9
堵支并流并垸	冲天湖蓄洪垦区	1954	263.5	118.4	145.1
	八官障蓄洪垦区	1954	265.5	229.5	36.0
	西洞庭蓄洪垦区	1954	435.5	286.7	148.8
	小计		1 844.8	950.6	894.2
围垸垦殖	燎原	1955	1.4		1.4
	建新农场	1955	48.7		48.7
	东南湖	1956—1971	11.5		11.5
	南湖洋陶湖垦区	1957	115.0		115.0
	钱粮湖农场	1958	213.3	45.0	168.3
	屈原农场	1958	133.3	24.1	109.2
	君山农场	1958	88.9	8.6	80.4
	茶磐洲农场	1958	52.6		52.6
	北洲子农场	1958	41.5		41.5
	畔山洲	1959	3.8		3.8
	万子湖	1963	2.5		2.5
	铜盆湖	1963	0.1		0.1
	六角山		11.7		11.7
	麻圹		20.0		20.0
	新塘		16.7		16.7
	青潭		2.0		2.0
	中洲（含磊石）		66.7		66.7
	目平湖		10.0		10.0
	团洲		50.2		50.2
	其他垸		36.5		36.5
	小计		1 117.2	77.7	1 039.5
	合　计		2 962.0	1 028.3	1 933.7

随着围湖造田面积的日益扩大，城镇建设也迅猛发展，从公元前 206 年秦朝开始到宋元朝，两湖平原地区（洞庭湖区和江汉地区）城镇发展有以下四个特点。

一是城市发展速度很快（表 1-7、图 1-12），如宋代（1111 年）有集镇 60 个，到清代嘉庆二十四年（1819 年）集镇有 140 个，每十年增加一个；此外每 100 km^2 的城市个数也说明其发展速度很快，例如秦末 0.01 个/100 km^2，到宋初增加到 0.04 个/100 km^2。

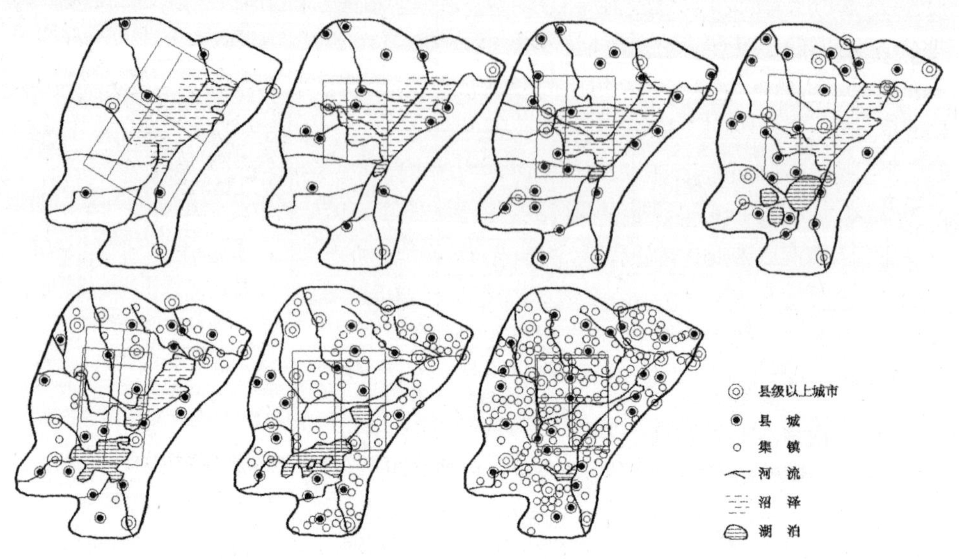

图 1-12　江汉—洞庭湖区的湖域、水系及城镇分布历史变迁图

表 1-7　两湖平原城市发展情况

期　间	新增城市个数	城市增加速度
秦（公元前 207 年）—西汉（公元 2 年）	13 个	6.2 个/100 年
西汉（公元 2 年）—西晋（公元 281 年）	13 个	4.7 个/100 年
西晋（公元 281 年）—唐（公元 741 年）	12 个	2.6 个/100 年
唐（公元 741 年）—宋（公元 1111 年）	9 个	2.0 个/100 年

二是早期城市集中在两湖平原的边缘地区，越往平原腹地，城市形成时代越晚，而且腹心地区很少有地州一级城市分布。这两点从两湖平原城市圈层扩展示意图可以看得很清楚（图 1-13），从外圈至内圈，依次是秦代城市圈、西汉城市圈、西晋城市圈、宋代城市圈，最内一圈为现代形成的城市圈。

三是两湖平原早期城市全部分布在主要河流向平原过渡的交界处，如江陵至常德间澧水沿岸的澧县、常德至长沙间资水沿岸的益阳、长沙至黄州或武汉间的湘江或长江沿岸的岳阳等等。

围湖造田一方面使洞庭湖区城乡经济得到了很大发展，“湖广熟，天下足”在很大程度上是围湖造田结果的写照，时至今日，当地仍是国内重要的商品粮基地。据《2007 年湖南统计年鉴》记载，2006 年粮食总产量 93.68 万吨，油料产量 6 万吨，棉花产量 1.74 万吨，肉类总产量 12.57 万吨，水产品总产量 9.66 万吨，国民生产总值 1 808.8 亿元人民币，其经济地位特别是农产品经济地位举足轻重。但另一方面对洞庭湖湿地生态结构也产生了严重破坏，主要表现在大规模围湖造田的短时段内洞庭湖面积锐减而严重萎缩（表 1-8、表 1-9），表明洞庭湖面积减少与围湖造田最盛时期是相对应的。如 1949—1958 年洞庭湖每年萎缩 87～193.5 km²，就是由于这一时期的大规模围湖造田造成的。洞庭湖面积锐减引起的最严重的生态破坏就是洪灾发生频率加快（表 1-10）。为减轻洪灾危害，有人就提出要退田还湖。最先提出是乾隆二十八年（1763 年）六月十四日，湖南巡抚乔光烈上书奏称：“缘滨湖各属，昔年田少滩多，筑围障水渐次成田，名曰围垸。其曾动官项筑堤给民岁修者，为官围。其呈官勘无碍水道，准其筑堤报垦升科入册岁修者，为民围。其虽经报垦荒土，未准筑堤及并未报垦而私自堆埂隔入开挖者，为私围。”“洞庭一湖，为川黔粤楚众流之总汇，必使湖面广阔，方足以容纳百川，永无溃溢。乃滨湖居民狃于目前之利，围筑圩田侵占湖地。而地方又往往意存姑息，不行禁止。若湖地渐就湮郁，则夏秋水发之时，势必漫衍冲决为泽国……”因此提出“禁止私围，以后除官围、民围入册者有案，历年官督岁修造报之外，其余一切私围悉应刨毁，以疏水道”。

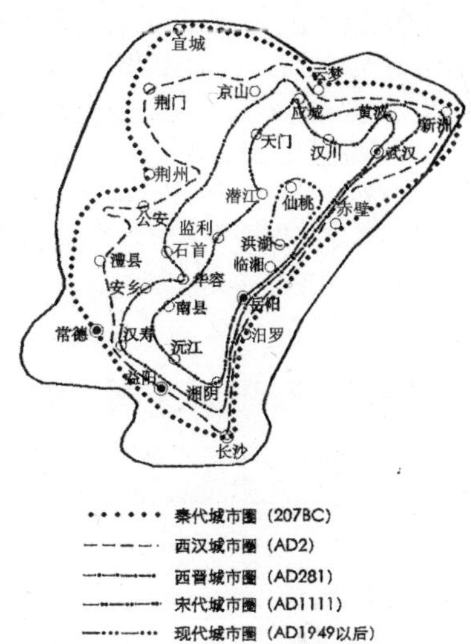

图 1-13　两湖平原城市圈层扩展示意图

表 1-8　洞庭湖历年面积变化

年　份	面积（km²）	资料来源
1825	6 000	
1896	5 400	《荆江大堤志》，1989 年，河海大学出版社
1932	4 700	
1949	4 350	朱翔，1999，《自然灾害学报》第 13 卷第 1 期
1954	3 915	

续表

年　份	面积（km^2）	资料来源
1958	3 141	
1971	2 820	
1977	2 724	
1983	2 691	
1995	2 714	长江水利委员会 1∶10 000 地形图量算
1974—1978	2 691	湖南水电勘测设计研究院
1976—1979	2 637～2 691	长江水利委员会 MSS 图像量算
1994	2 694	
1995	2 680	湖南省遥感中心 TM 卫星图像量算
1998	2 681	

表 1-9　洞庭湖各时期萎缩率

时　期	萎缩率（km^2/a）
清朝（1644—1911 年）	8.45～1944
民国（1912—1949 年）	19.44～20.59
1950—1958 年	8 700～193.50
1959—1978 年	20.06～26.66

表 1-10　洞庭湖区历年洪灾频率

时　段	次　数	频　率
276—524 年	15	83 年 1 次
525—1851 年	16	20 年 1 次
1852—1949 年	11	9 年 1 次
1950—1978 年	24	4 年 1 次

“私围悉应刨毁，以疏水道”实际为退田还湖，平垸行洪，虽然乾隆在奏折内批示“废滨湖私筑之禁所办甚是”，但并未认真执行，而且围田之势有增无减。故在此之后的 1766 年（乾隆三十一年）湖北巡抚常钧、1791 年（乾隆五十六年）湖南巡抚冯光熊、1809 年（嘉庆十四年）湖广总督汪志伊、1828 年（道光八年）湖南巡抚康绍墉、1832 年（道光十二年）湖南巡抚吴荣光、1838 年（道光十八年）湖南巡抚钱宝琛、1909 年（宣统元年）湖南巡抚岑春蓂等都有类似奏折，要求刨毁垸田还湖。民国年间以及 1949 年以来，提出退

田还湖者也大有人在，但终未实行。真正提出退田还湖并认真对待的是1998年特大洪灾之后，朱镕基总理提出了洪灾治理32字方针："封山植树，退耕还林；平垸行洪，退田还湖；以工代赈，移民建镇；加固干堤，疏浚河湖。"自此以后，退田还湖一时成为洞庭湖洪灾治理的重大举措，国务院批准的《湖南省土地利用总体规划（1997—2010）》提出："到2010年，退田还湖1.8万公顷，废除所有阻洪的巴垸、江心洲，蓄洪垸待蓄，低水位种植，高水位还湖到解放初期的洞庭湖水面面积。"2002年已经开始规划，称之为"4350工程"，即恢复到1949年洞庭湖面积（4 350 km²）。

退田还湖措施已在逐步实施，但从它的实施难度及关系到人们的切身利益来看，在三峡水库建成后退多少比较合适必须慎之又慎。

1.4.2 荆江北岸穴口尽堵，南岸"四口"分流入湖

自从有了围湖造田，就有了筑堤防洪。长江的宜昌至城陵矶段称荆江，荆江河床形成之后，水流归槽，水位抬高，为防御洪水，东晋桓温始有培筑江堤之举。桓温于东晋永和元年（345年）到兴宁三年（365年）任荆州刺史，此期间他修筑了荆北大堤中最早的一段堤，称"金堤"，故《水经注》记载："江陵城地东南倾，故缘以金堤，自灵溪始，桓温陈遵监造。"五代梁开平元年（907年）前后，梁朝将军倪可福主持培修金堤后，将其称为"寸金堤"。宋乾道四年（1168年），荆南安抚使张孝祥再培修寸金堤，史书《宋史·张孝祥传》称"自是荆州无水患"。后来唐、宋、元、明史书都有筑堤记载，先后建成沙市堤、黄潭堤、登南堤、文村堤、新开堤、熊良工堤、黄师堤、李家埠堤、万城堤、阴湘堤。荆江之南北岸都有穴口，北岸穴口分流入云梦泽，南岸穴口分流入洞庭。在东晋之前有穴口十余处，其中北岸4处，南岸10处（附录图14）；《荆州万城堤志》记载，唐宋以后有北岸"九穴十三口"和南岸"四穴七口"之说。因而各个历史时期都是穴口与穴口之间分段培筑。随着沿江穴口的湮塞和筑堵，到清顺治七年（1650年），北岸唯一的郝穴也被筑堵。自此以后，北岸穴口尽堵，就形成了统一的荆北大堤；南岸只有虎渡、调弦两口入湖，直到清咸丰二年（1852年）、十年（1860年），洪水分别冲决松滋、藕池而不堵，就形成了荆江向洞庭湖"四口"分流的格局，直到1958年调弦口建闸，才为"三口"分流。

自顺治七年（1650年）荆江北岸穴口尽堵，四口南流的格局形成后，荆江泥沙全部分流入洞庭湖，450余年来洞庭湖区日渐淤高，江汉地区就相对降低了，故荆江南北地面高差日渐增大。如荆南南洞庭湖湖底标高（25 m）相当于荆北洪湖市地面标高；又如西洞庭湖湖底标高（29～30 m）已经高于江汉平

原南部标高 2～5 m。长江水利委员会绘制的荆江南北南岸及延伸至腹地的剖面图（图 1-14），当中很清楚地标明荆南地面最低处在 30 米左右，荆北地面最低是在 20 米左右，二者高差达 10 余米。这一完全为人力所造成的地貌环境给长江中游，特别是江汉地区带来了严重的潜在生态危机。对于荆江大堤的修筑、荆北穴口尽堵、四口南流和围湖造田，早就有人反对。清朝魏源在《湖广水利论》一文中就持批判态度。他指出："荆江堤防夹南北岸数百里，而下游之洞庭又多占为圩垸，容水之地尽化为阻水之区。洲渚日增日阔，江面日狭日高，欲不轶溢为患，得乎?"他由此提出：洪水冲决垸堤成为河流则要保留，即穴口不能堵塞，而且要加浚深广为泄水之道；溃决的圩垸则设法不修复，即退田还湖，以"存陂泽潴水"。他称前者为"因败为功"，后者为"因败制宜"。故此两策，"弃少而救多，事半而功倍"。《荆楚修疏指要》指出："荆江之水合则势大，莫若分而使之小；近则相浸，莫若使之远；急则愈猛，莫若淳而潴焉使之缓。"《荆州万城堤志》也主张"于其合也，分而疏之；于其溢也，旁而蓄之"。此即南北"分蓄"论述。清末黄海伐直截了当提出，在"南北各留一个穴口"，即在荆北"浚郝穴"，在荆南堵塞松滋、藕池、调弦三口，只留"虎渡"，其实质即后来提出的"南北兼顾"，只是从未认真实施过。

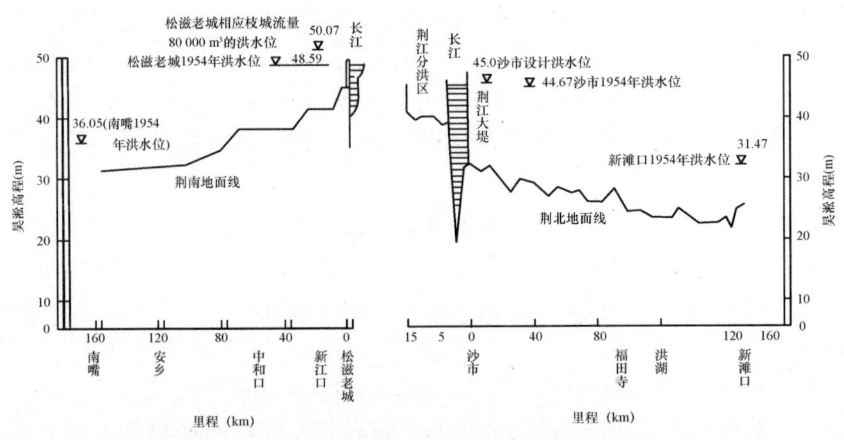

图 1-14　荆江南北地势及洪水位图

1.4.3 下荆江裁弯取直

1756—1973 年下荆江的裁弯取直河道变迁如图 1-15 所示，只有 1967—1972 年的沙滩子是人工裁弯，其中中洲子和上车湾是自然裁弯，均为人工裁弯。

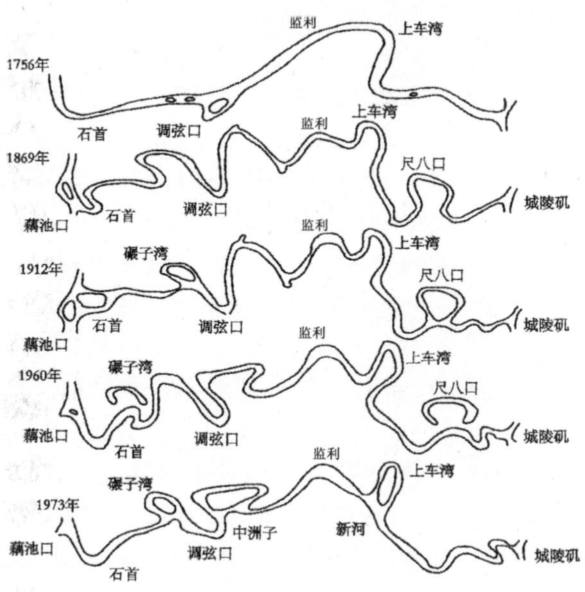

图 1-15　下荆江变迁图

1967—1972 年的人工裁弯的本意是使荆江洪水加速流出长江中游地区，减少洞庭湖区洪灾。事实上因为裁弯取直下荆江 147km 河程缩短了 78km，水面比降提高一倍，因而因水流速度加快、挟沙能力增强而发生河床冲刷，导致同流量下水位降低，“三口”口门高程相对抬高，使“三口”的分水量和分沙量也降低，导致如分流输入淤积在洞庭湖的泥沙大为减少（表 1-11）。

表 1-11　下荆江裁弯前后“三口”输沙量和湖内淤积量变化

资料来源	1966 年裁弯前（亿吨/年）		1972 年裁弯后（亿吨/年）		裁弯后淤积减少量	
	入湖泥沙	淤积泥沙	入湖泥沙	淤积泥沙	减少量（亿吨/年）	减少（%）
濮培民	1.797 9	1.330 4	1.040 1	0.769 7	0.560 7	42.0
长委	1.96	1.45	0.97	0.71	0.72	50.50
荆江大堤志	1.905 6	1.410 1	1.107 6	0.819 6	0.590 5	44.50
林承坤	1.904 6	1.409 4	1.102 7	0.815 9	0.593 5	42.1
湖南省水利厅	2.054 1	1.520 0	1.091 70	0.807 8	0.712 2	46.85
朱翔等	2.054 1	1.520 0	0.977 5	0.723 3	0.796 7	52.40

注： *湖内淤积的泥沙量为入湖泥沙量的 74%。*

表中各研究者的数据显示，洞庭湖在裁弯以后入湖淤积泥沙每年减少了 0.56 亿～0.8 亿吨，减少率达 42%～52%，这当然有利于洞庭湖区的防洪。问题是减少的这一部分泥沙淤积到何处？如此就有专家提出了“泥沙淤积搬家”的问题。有人对这个问题通过不同的研究途径得出了相同的结论，即搬家泥沙淤积到城陵矶河段。例如濮培民等指出，下荆江裁弯后“三口”入湖的泥沙较裁弯前每年减少了0.8亿吨，减少的0.8亿吨有0.592亿吨被搬家淤积到城陵矶河段。又如李义天等以裁弯后洞庭湖泥沙淤积量的减少率和城陵矶河段泥沙淤积量的增加率来说明“泥沙淤积搬家”理论的可能性。他根据不同时段的泥沙淤积量变化（表1-12），计算裁弯后洞庭湖泥沙淤积的减少量为236.6万吨/年，城陵矶河段泥沙淤积增加量为237.5万吨/年，减少量和增加量几近相等，故认为城陵矶河段泥沙淤积量的增加部分就是由洞庭湖泥沙淤积减少的那部分搬家而来。还有朱翔教授引述武汉大学教育部水沙科学重点实验室段文忠教授统计裁弯前后荆江监利站和洞庭湖出口城陵矶站年输沙量资料表明，裁弯后的1981—1995年较裁弯前的1956—1966年，城陵矶—螺山河段泥沙量增加0.264亿吨/年，此即泥沙搬家所致，从而使其30km河段泥沙淤积量增加了2.7亿吨，河床断面平均淤高2.5 m，缩窄约30 m，使河段两侧原通江的黄盖湖、西凉湖、洪湖等湖口门堵闭成为不通江的湖泊。这一观点与湖南省水文水资源局的研究结果是一致的。该研究得出，1973—1983年城—螺河段河床淤高率为15.6 cm/a；洞庭湖与荆江汇流口黄海高程1966年为－10 m，1987年为－6 m，即荆江裁弯后淤高了4 m。

表1-12　洞庭湖及城—汉河段泥沙淤积变化（亿吨/年）

时段（年）	1956—1966	1967—1972	1973—1980	1981—1988	多年平均
洞庭湖淤积量	1.689 0	1.304 2	1.090 3	1.073 8	1.324 1
城—汉河段淤积量	0.250 1	0.481 1	0.709 5	0.867 5	0.551 0
湖区和城—汉河段淤积量	1.939 1	1.785 3	1.799 6	1.941 3	1.875 1

泥沙淤积搬家对洞庭湖区防洪造成很大影响。湖南省水文水资源局通过计算得出，1 t泥沙淤积在洞庭湖，其调蓄湖容损失0.71 m^3；如若淤积在城陵矶河段，损失的调蓄湖容为9.52 m^3，其比值为1∶13。这就意味着，在城陵矶河段和洞庭湖内淤积等量泥沙，前者带来的危害程度比后者提高了13倍；还可以理解为，若洞庭湖的泥沙以0.6亿吨/年搬家到城陵矶河段淤积，由此所造成的防洪湖容损失相当于湖内淤积泥沙7.8亿吨/年的损失。如果以此速度发展下去，洞庭湖的调蓄能力将基本丧失。下荆江裁弯后由于泥沙淤积搬家，致使洞庭湖防洪形势大大恶化，以下事实可兹证明：

①裁弯前后洞庭湖下泄量基本相当时，裁弯后城陵矶水位升高较大。如1954年下泄量为43 400 m^3/s，水位为34.55 m；1996年下泄量为43 500 m^3/s，水位达35.31 m。即1996年比1954年抬高水位0.76 m。

②裁弯前洞庭湖下泄量大于裁弯后，城陵矶水位本应大于裁弯后，但裁弯后反而升高很多。如 1954 年年泄量高达 78 800 m^3/s，水位是 34.55 m；1998 年 8 月 20 日下泄量大为减少，只有 28 700 m^3/s，水位却高达 35.94 m。即 1998 年下泄量只有 1954 年的 36.4%，而水位抬高了 1.39 m。

③裁弯后的较大和特大洪水年比较：长江中游各站水位与 1954 年特大洪水年的相应站水位比较，前者呈现"两头低中间高"的态势，如 1998 年与 1954 年相比即是（表 1-13）。表列数据表明："两头低"的"上头低"是宜昌水位，1998 年洪水流量低于 1954 年，为负数；"两头低"的"下头低"是汉口水位，1998 年低于 1954 年，也呈负数；"中间高"是 1998 年水位都高于 1954 年，呈正数。这是城陵矶河段被淤高中游出流不畅水位壅高所致。同时 1954—1999 年城陵矶和汉口的水位差值逐渐增大（表 1-14），也是城—螺河段逐年淤高、洞庭湖壅水逐年加大所致。

表 1-13　长江中游各站 1954 年与 1998 年最高洪水位比较

年　份	水　位						
	宜昌	枝城	沙市	监利	城陵矶	螺山	汉口
1954 年	55.37	50.61	44.67	36.57	33.95	33.17	29.73
1998 年	54.50	50.60	45.22	38.31	35.80	34.95	29.43
差　值	−0.87	0.01	0.55	1.74	1.85	1.78	−0.30

表 1-14　1954—1999 年城陵矶与汉口的最高洪水位差值

年　份	1954 年	1983 年	1996 年	1998 年	1999 年
差值（m）	4.22	5.85	6.35	6.37	6.65

④城陵矶高洪水位平均滞留时间（天）：在 20 世纪 60 年代（裁弯前）是 20 天，裁弯后滞留时间逐年加长，其平均天数 80 年代是 31 天，90 年代达 60 天，而到 90 年代后期，如 1998 年在 100 天以上。高洪水位滞留时间的加长，一是引起洞庭湖出现超高水位，如 1998 年洞庭湖及湘、澧二水下游都超过历史最高水位；二是使城陵矶—长沙—湘潭 220 km 区间出现特殊水情局面，如 1998 年 8 月 20 日城陵矶出现最大洪峰时，长沙水位反而比上游的湘潭水位高了 0.08 m，发生了历史上罕见的"江水倒流"；三是 1998 年 7 月以后，湘江无洪水，但长沙每年的 6～8 月水位居高不下，一直超过 35 m 警戒水位。

⑤裁弯后在城陵矶水位增高的情况下，螺山的过水能力反而降低。例如 1954 年城陵矶水位是 33.17 m，螺山过水能力是 78 000 m^3/s；而 1998 年城陵矶水位高达 34.95 m，螺山过水能力只有 68 600 m^3/s，城陵矶水位 1998 年超

过 1954 年 1.78 m，螺山过水能力 1998 年反而小于 1954 年 10 200 m^3/s。

1.5 洞庭湖与鄱阳湖的比较

李长安等（2003）提出了“长江中游自然环境的对称性”，指出其区域地貌、水系特征以及自然环境的演化过程均表现为以南北向的幕阜—罗霄山山脉为轴的明显的对称特点，轴之西为洞庭湖水系，轴之东为鄱阳湖水系；同时这一段长江河道似英文字母“W”，“W”本身就是对称的。更为有趣的是，“W”西下端点为洞庭湖，“W”东下端点为鄱阳湖，主要大河西之湘江和东之赣江都是自南而北分别流入洞庭湖和鄱阳湖，其余大河西部以北西向、东部以南东向分别流入洞庭湖和鄱阳湖。除了这种自然环境的对称性外，数千年来人类经济活动成果也是对称的，如入长江之湖口西有岳阳市，东有九江市；又如在西部洞庭湖平原边缘湘江之滨有长沙市，东部鄱阳湖平原边缘赣江之滨有南昌市；此外环湖之县级市及重要交通线如京广、京九铁路等也是对称的（图 1-16）。

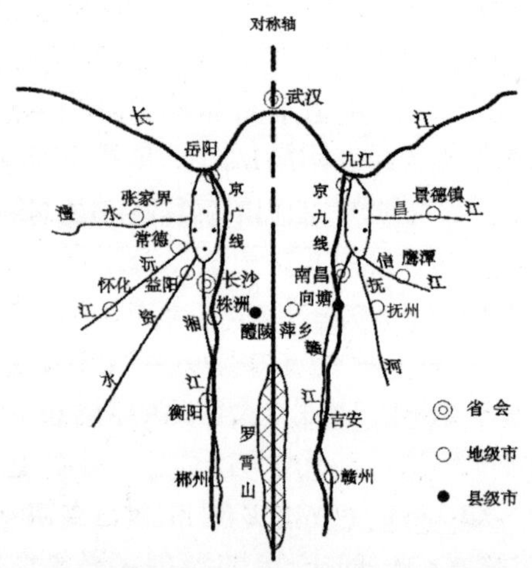

图 1-16　湖南、江西水系、城市的对称性

长江中游地区的洞庭湖和鄱阳湖都是距今 1.4 亿年左右的“燕山运动”形成之断陷盆地演化所成，它们除有明显的对称性外，还有明显的差异性，这种差异性主要表现在两湖的规模、沉降幅度及与长江的关系上。

①鄱阳盆地面积约 1.12 万平方千米，洞庭盆地有 1.88 万平方千米，鄱阳盆地面积不到洞庭盆地 60%；第四纪形成的冲积平原，洞庭湖区约 1.4 万平方千米，鄱阳湖只有 0.92 万平方千米，是洞庭湖面积的 65.7%。

②湖盆为地壳沉降所致。鄱阳湖区沉降速率远比洞庭湖小。现代沉降速率显示，洞庭湖区约 10 mm/a，鄱阳湖区仅为 0.35 mm/a，只及洞庭湖的 4%，故鄱阳湖区沉积层厚度就比洞庭湖区薄。白垩纪至古近纪和新近纪，鄱阳湖区厚约 1 500 m，最厚 2 600 m，洞庭湖区有 5 000 余米厚；第四纪更新世鄱阳湖大都缺失，而洞庭湖最厚处超过 250 m；第四纪全新世鄱阳湖从北到南厚 8.4～16.92 m，平均 10 m 左右，而洞庭湖最厚处可达 60 余米，平均30 m左右。

③盆要成为湖泊，必须有水汇入，两湖虽然都处长江流域多雨带，降水量远大于蒸发量，都有丰富的水汇入，但汇入量相差很大。鄱阳湖汇水面积 16.2 万平方千米，每年入湖水量 1 500 多亿立方米；洞庭湖汇水面积 26.3 万平方千米，每年入湖水量高达 3 018 亿立方米，是鄱阳湖的两倍。

④两湖和长江的关系有许多不同，主要是长江曾在洞庭盆地中变迁，在约 55 万年前的中更新世，长江水体大体由宜昌经古老背、云池、松滋入洞庭湖，过津市、安乡到岳阳，那时尚无主河道荆江，故洞庭湖和长江在地史上是江湖一体，后来则是长江的过水湖泊，荆江北岸穴口尽堵后就成为长江中游唯一最大的调蓄湖泊。鄱阳湖只是靠近长江的一个湖泊，她不能调蓄长江中上游来水，且与长江相连尚有 30 余千米的河道，长江水只能靠顶托作用入湖，根本不像洞庭湖那样拥有长江水源。

一个地区的经济发展往往与所处的自然环境有很大关系，湖南和江西都是以农业为主的省份，洞庭湖区和鄱阳湖区分别是两省农业立本的鱼米之乡。上述方面的自然条件都表明，洞庭湖区比鄱阳湖区大，更优越，相应的环境资源量洞庭湖区也比鄱阳湖区大，从而使得湖南经济比江西经济更发达。这一不争的事实表明，从历史到现实，洞庭湖比鄱阳湖大且更有优越性。但是在 1941 年出版的《中国地理学基础教程》中认定洞庭湖是我国第一大淡水湖后，不知何时却变为我国第二大淡水湖，而鄱阳湖却跃居为第一淡水湖。究其原因有两点：

①湖泊兴衰的一个重要条件是泥沙淤积的多少。洞庭湖在荆江裁弯之前，入湖泥沙达到 2 亿吨/年，淤积速率 3.5 cm/a，荆江裁弯后到三峡水库运行前，入湖泥沙虽然减少近 50%，但淤积速率仍有 1.5 cm/a 以上。据 1954—1985 年统计资料显示，鄱阳湖淤积泥沙 1 209 万吨/年，淤积速率仅 2.2 mm/a，因此洞庭湖萎缩进程要比鄱阳湖快得多，故在 1980—1990 年，不少研究洞庭湖的学者惊呼，她将在数百年内消亡。但到目前为止，还找不出鄱阳湖会消亡的论调。“一个行将消亡的洞庭湖”成为我国第二大淡水湖无可厚非，但是自三峡水库运行后，洞庭湖入湖泥沙也每年只有 1 000 多万吨，其淤积速率已接近鄱阳湖，而地壳沉降速率却大大高于鄱阳湖，故而现在正处在一

个兴旺扩大时期，这一点鄱阳湖无法企及。

②尾闾是指河流的末段，如果条件合适，则可形成尾闾湖。洞庭湖湘、资、沅、澧四水的末段处在洞庭湖区平原中或在洞庭湖中，有人认为洞庭湖就是四水的尾闾湖也不无道理。这就是说湖与河很难分清。为分清界限，有人将其称为四水洪道。现在计算洞庭湖面积时，将四水洪道 1 300 km^2 排除在外，显然是不合理的。而鄱阳湖的赣江、抚河、信江、饶河、修水等五水除赣江外，尾闾形不成尾闾湖，只是在河口或入湖口处形成三角洲等微地貌，因此没有洪道之分，计算面积时自然无洪道可排除。如果洞庭湖加上洪道面积，就有 4 040 km^2，比鄱阳湖（3 583 km^2）大了 457 km^2。

一位法国地理学者考察了世界大江大河的地理环境后无限感慨地说："上帝给了中国一条举世无双的长江及与之相配套的两岸之湖泊。"（郭同旭，1999）确实，长江两岸湖泊无以计数，其中有我国排名 1～5 的五大淡水湖，现在依次为鄱阳湖、洞庭湖、太湖、洪泽湖、巢湖。长江流域的长江文明是世界最古老的文明之一，现在的研究成果表明，在稻作、城市、矿产利用等方面，洞庭湖及其流域则是长江文明的发源地。至于洞庭湖、鄱阳湖谁是第一并不重要，自有客观标准；但如果从地质环境及其演化来看，洞庭湖的规模无论是过去、现在或者将来，都是别的湖无法比拟的，她厚重的文化底蕴也是别的湖无法比拟的。

本章小结

以地质学为主导谈洞庭湖的特点主要有五点：

①洞庭盆地是以侏罗纪发生的"洞庭古陆"或"幕阜—雪峰古陆"为基底的断陷盆地，洞庭湖则是盆地中的汇水洼地。新近纪以来在西南为印度板块，东南为菲律宾板块，东为太平洋板块，它们与亚洲板块碰撞过程中，发生了亚洲东部或中国内地的地形由"东高西低"到"西高东低"的"地形倒转"，形成了第一沉降带、第一隆起带、第二沉降带、第二隆起带的构造地貌格局。洞庭盆地则处于第二沉降带中，只要板块运动不停，洞庭盆地就会断陷沉降，盆地中的汇水洼地之洞庭湖就会继续存在。

②湖泊的存在和兴衰（即演化）决定于湖盆沉降、降水量大于蒸发量，以及泥沙淤积。其中湖盆沉降是主导。由于沉降速率在时间和空间上是不均匀的，因而洞庭湖在不同时期有扩大或萎缩及湖域的迁移。因为泥沙淤积有人为因素的参与，特别是近现代生产力发达，对洞庭湖的演化有时具有决定作用，因而近现代洞庭湖的演化并未遵循自然规律，而是在短期内就有很大变化。如洞庭湖区在淤积的泥沙上围湖造田以致严重萎缩即是这一结果。

③在以百万年计的地史时期内洞庭湖拥有数千米的连续沉积层，这足以说明她总体处在沉降中，但沉降速率年仅 1 cm 左右，以数年或数十年计的近现代沉降幅度就不易被人觉察而忽略不计。可洞庭湖的沉降是客观存在的，用重复水准测量、不同年代水尺基准差测量、水闸和电排站基点测量比较、不同时期地形图高程比较及水下地形图高程增大值与输沙平衡法泥沙淤高值比较等多种方法，得出每年沉降 10 mm 右右。伴随着不均匀沉降引起地震和沉积层的断裂、倾斜在洞庭湖区也常可见到。

④洞庭湖区影响最大、最重要的开发是在淤积泥沙基础上的围湖造田。围湖造田有史可查始于汉，自唐代以来，以宋元、明清、民国、新中国四个时期最盛。其中以新中国时期最多，到 20 世纪 70 年代围湖造田 1 933.7 km^2，而新中国成立之前总共才 1 028.3 km^2。围湖造田既成就了昔日的“湖广熟，天下足”，今日之鱼米之乡和商品粮基地，也使洞庭湖严重萎缩，破坏了长江中游地区调蓄泄洪的自然体系，从而使洪灾频发。为此从历史到现代，人们采取了“荆江北口尽堵，四口南流”和下荆江裁弯取直等重大防灾措施。这些措施于当时都有积极意义，但未计后来的影响，就如恩格斯所说：“到目前为止，存在过的一切生产方式，都只在于取得劳动的最直接的有益的效果，那些只有在以后才显现出来的进一步结果是完全被忽视的。”“北口尽堵，四口南流”后来不仅使洞庭湖加快萎缩，洪灾频发，给湖区人民带来深重灾难，而且使江汉地区地面高程低于洞庭湖区近 10 m，潜在的灭顶之灾的洪水始终是江汉地区难以消除的心腹大患；下荆江裁弯取直措施虽然大大减少了洞庭湖的泥沙淤积，有利防洪，但减少的那部分泥沙搬家到城陵矶以下河段淤积，唯一的出水口被堵，使洞庭湖洪灾更严重，因为在城陵矶河段和洞庭湖内淤积等量泥沙，前者带来的危害程度比后者提高了 13 倍。

⑤洞庭湖与鄱阳湖是以南北向的幕阜—罗霄山山脉为轴对称明显的水系，轴之西为洞庭湖水系，轴之东为鄱阳湖水系，因而有很多相似性。但也有明显的差异性，主要表现在两湖的规模、沉降幅度及与长江的关系上：鄱阳盆地面积只有洞庭盆地 60％不到；第四纪形成的冲积平原，鄱阳湖只有洞庭湖的 65.7％；洞庭湖汇水面积是鄱阳湖的两倍；鄱阳湖区沉降速率只有洞庭湖的 4％；洞庭湖和长江在地史上是江湖一体，后来则是长江的过水湖泊，荆江北岸穴口尽堵后洞庭湖就成为长江中游唯一的调蓄湖泊，鄱阳湖只是靠近长江的一个湖泊，不能调蓄长江中上游来水，且与长江相连尚有 30 余千米的河道，长江水只能靠顶托作用入湖，根本不像洞庭湖那样拥有长江水源。

02

三峡水库运行后 洞庭湖水沙变化及季节性缺水

2.1 三峡水库运行后洞庭湖的泥沙和水量变化

2.1.1 三峡水库运行后入湖泥沙大幅度减少

2.1.1.1 入湖泥沙量及湖域变化

三峡水库运行前后荆江“三口”入湖泥沙按李景保等（2009）发表论文（表 2-1）所示，三峡水库运行前的 1981—1998 年年均 9 300 万吨，1999—2002 年年均还有 5 670 万吨，而三峡水库运行后的 2003—2008 年年均只有 1 354.3 万吨，是 1981—1998 年的 14.5%，是 1999—2002 年的 23.9%。可见“三口”入湖泥沙减少之大，使得洞庭湖面积变化很小。湖南省遥感中心姜端午等通过三峡水库运行前后三个不同时期的遥感卫星影像资料比较（第一期 1975—1978 年、第二期 1999—2003 年、第三期 2005—2007 年）得出，各期的东洞庭湖、南洞庭湖、目平湖面积如表 2-2 所列。东洞庭湖在三峡水库运行前的第一期（附录图 15）到第二期（附录图 16）岸带变化大，湖域面积萎缩快，洲滩湿地扩张快；在三峡水库第二期到运行后第三期岸带变化不大，洲滩基本无扩张（附录图 17）。由此量算出三峡水库运行以前的 25 年洞庭湖面积减少了 387.62 km^2，年均减少 15.50 km^2；运行后的 5 年只减少了 19.84 km^2，年均减少 3.97 km^2（表 2-2），只有运行前的 1/5。

表 2-1　荆江“三口”多年入洞庭湖沙量及分沙比的变化（单位：万吨）

统计时段（年）	枝城	松滋口		太平口	藕池口		三口合计	三口分沙比（%）
		新江口	沙道观	弥陀寺	康家岗	管家铺		
1951—1958	53 388	4 002	1 783	2 439	583	12 358	21 165	39.64
1959—1966	54 125	3 576	1 678	2 351	572	10 866	19 043	35.18
1967—1972	50 400	3 330	1 510	2 130	460	6 760	14 190	28.15
1973—1980	51 300	3 420	1 290	1 940	220	4 220	11 090	21.62
1981—1998	49 100	3 370	1 050	1 640	180	3 060	9 300	18.94
1999—2002	34 600	2 280	570	1 020	110	1 690	5 670	16.38
2003	13 100	780	250	290	40	700	2 060	15.73
2004	8 040	578	167	196	22	480	1 440	17.91
2005	11 700	993	312	361	38	697	2 401	20.52
2006	4 124	88.9	15.3	24.6	0.825	32.4	162.1	3.90
2007	9 721	527.0	151.0	173.0	19.9	459.0	1 330	13.70
2008	6 847	290.0	92.7	102.0	8.06	240.0	732.8	10.07
2003—2008	8 922	542.8	164.7	191.1	21.5	434.7	1 354.3	13.60

表 2-2　三峡水库运行前后洞庭湖面积变化

湖泊名称	第 1 期面积	第 2 期面积	第 3 期面积
东洞庭湖	579.8	392.89	371.32
南洞庭湖	456.01	294.59	296.32
目平湖	70.76	31.65	31.65
合　计	1 106.75	719.13	699.29

2.1.1.2 泥沙淤积速率变化情况

各个单位研究得出的洞庭湖泥沙淤积速率的六个数据（表 2-3），其中 36.7 mm/a 是由 1951—1987 年泥沙淤积总量的年均值和 1988 年的湖面积计算得出，不大合理，因为这期间的 1988 年湖泊面积是最小的，没有代表性；24.2 mm/a 既考虑了湖泊面积，又考虑了洪道面积，而且湖泊面积又是用同期湖泊面积加权求得，这就要合理得多；28 mm/a、25.9 mm/a 和23 mm/a所用湖泊面积虽然未加权平均，但在计算期间是具有代表性的，故其计算结果比较合理，因此洞庭湖的泥沙淤积速度以 24.2 mm/a 比较合乎实际，且与用^{210}Pb 放射性同位素测年技术所得 22.7 mm/a 比较吻合。

表 2-3　不同方法求得的洞庭湖泥沙淤积速率

方　法	泥沙淤积速率（mm/a）	资料来源
泥沙淤积量与面积计算法	36.7	湖南省水利水电科学研究所（2001）
	24.2	湖南省水利厅洞工局（2001）
泥沙淤积量与面积计算法	28.0	南京大学林承坤（1994）
	25.9	武汉水电大学河流工程系（2001）
	23.0	长江水利委员会（1997）
^{210}Pb 测年技术	22.7	广东地理研究所、湖南洞工局（1988）

前已述及洞庭湖区的沉降速率是 10 mm/a，如果以三峡水库运行后的入湖泥沙量是运行前（1999—2002 年）的 23.9%推算，那么运行后的泥沙淤积速率就只有 2.39 mm/a；如若以 1981—1998 年的 14.5%推算，则更小，只有 1.45 mm/a。因此三峡水库运行后的地壳沉降速率远大于泥沙淤积速率，洞庭湖应向扩大方向演化，洞庭湖能容纳更多的水而有利于防洪。这一点在三峡工程按正常蓄水位 175 m 运行后，使荆江河段、江汉平原和洞庭湖区的防洪能力进一步提高，在不运用分蓄洪区的情况下，使荆江河段由目前仅防御 10 年一遇洪水提高到可防御 100 年一遇的洪水。

2.1.2 三峡水库运行前后入湖水量的变化情况

2.1.2.1 三峡水库运行后入湖水量大量减少

（1）全湖水量减少

有关文献对 1951—2008 年“四口”“四水”及洞庭湖区间入湖径流分时段进行了统计，根据表 2-4 数据将下荆江裁弯前（1967 年前）与三峡水库运行前（2003 年前）及运行后（2003 年 6 月后）的各时段入湖水量变化列于表 2-5。由此可知，1951—2008 年，洞庭湖的水量逐步减少，具体是：“四口”在三峡水库运行后比下荆江裁弯前入湖水量减少 64.3%，比下荆江裁弯后减少 32.2%；如果与 1937 年入湖水量相比则减少了 74%；“四水”在三峡水库运行后比下荆江裁弯前入湖水量减少 8.8%，比下荆江裁弯后减少 10.2%；区间在各个时期基本无变化；全湖在三峡水库运行后入湖水量比下荆江裁弯前减少 32.3%，比下荆江裁弯后减少 16.6%。

表 2-4　洞庭湖各时段年平均径流变化

时段（年）	入湖水量（亿立方米）			
	四口	四水	区间	合计
1951—1958	1 457	1 755	299	3 511
1959—1966	1 335	1 536	226	3 097
1967—1972	1 022	1 727	231	2 980
1973—1980	834	1 698	256	2 788
1981—1998	699	1 704	316	2 719
1999—2002	625	1 815	373	2 813
2003	568	1 754	362	2 684
2004	524	1 499	306	2 329
2005	643	1 511	261	2 415
2006	183	1 597	207	1 987
2007	541.3	1 405	208	2 154
2008	530.6	1 512	213	2 256
2003—2008	498.3	1 546.3	259	2 304

表 2-5　长江中游重大水利工程运行前、后入湖水量（亿立方米）

水利工程	四口	四水	区间	合计
下荆江裁弯前（1951—1966 年）	1 396	1 695	233	3 324
下荆江裁弯中（1967—1972 年）	1 022	1 727	231	2 980
下荆江裁弯后（1973—2002 年）	734.6	1 722	304	2 761
三峡水库运行（2003—2008 年）	498	1 546	259	2 303

（2）汛期水量减少

有关文献资料指出，在三峡水库运行的六年中，洞庭湖水量减少主要发生在汛期（4～9 月），这是因为“三口”和“四水”汛期入湖径流量较运行前同期多年平均值偏少（表 2-6）。表 2-6 数据显示：三峡水库运行后较运行前，“四水”水量由 1 304.7 亿立方米减少到 1 072.3 亿立方米，净减少 232.4 亿平方米；“三口”由 553.7 亿立方米减少到 446.8 亿立方米，净减少了 106.9 亿立方米；全湖则净减少了 392.3 亿立方米，故其水量绝对值的减少是很显著的。但三峡水库运行前、后水量的相对变化基本一致，如“四水”占汛期水量都为 60%左右，“三口”占汛期水量都为 25%左右，汛期占全湖水量都为 76%左右。这就是说，无论是运行前还是运行后，洞庭湖水量 3/4 以上来自汛期 4～9 月，而其余 6 个月不足 1/4。

表 2-6　三峡水库运行前后洞庭湖汛期水量变化（单位：亿立方米）

时　段	“四水”汛期	“三口”汛期	全湖汛期	全湖全年水量	“四水”占汛期水量（%）	“三口”占汛期水量（%）	汛期占全湖全年水量（%）
运行前（1999—2002）	1 304.7	553.7	2 151.4	2 813	60.6	25.0	76.5
运行后（2003—2008）	1 072.3	446.8	1 759.1	2 304	60.9	25.4	76.1

汛期是洪水发生期，据李天义的统计资料（表 2-7），洪水主要发生在 6 月、7 月两个月内，其次是 5 月和 8 月，4 月和 9 月则很少了。李天义从 1931—1998 年不同典型年得出多年平均洪水量最大三个月洪量百分比（表 2-8），相关数据表明，汛期三个月洪水量占全年的百分比大都超过 50%，洪水发生率在 84%以上。因此汛期水量减少有利于防洪。

表 2-7　洞庭湖四水和长江（宜昌站）洪水发生率

水　系	3 月	4 月	5 月	6 月	7 月	8 月	9 月	10 月
澧水（三江口）		1/3%	4/12.1%	15/45.5%	8/24.3%	3/9%	2/6%	
沅水（桃源）		2/6%	8/24.3%	9/27.3%	12/36.4%	2/6%		
资水（桃江）	1/3%	4/12.1%	9/27.3%	9/27.3%	6/18.2%	3/9%	1/3%	
湘江（湘潭）			5/152%	12/36.4%	11/33.3%	3/9%	2/6%	
长江（宜昌）				1/3%	16/48.5%	10/30.3%	5/15.2%	1/3%

资料来源：李天义：《水利枢纽建设对河道演变的影响》（网上发表），2007 年。
注：1/3%：1 为洪水次数；3%为年内洪水发生率。

表 2-8　洞庭湖最大三个月洪量百分比

水　系	4 月	5 月	6 月	7 月	8 月	9 月	汛期三个月占全年	汛期三个月洪水发生率
澧水（三江口）		14.9	18.0	17.7			50.6	84.0
沅水（桃源）		18.8	17.4	13.6			49.8	88.0
资水（桃江）	13.3	18.1	15.0				46.4	84.9
湘江（湘潭）	16.1	18.7	17.2				52.0	84.9
长江（宜昌）	15.3	13.8	13.0				42.1	94.0

资料来源：同表 2-7。

（3）枯（平）水期水量减少

汛期水量占全年水量的 76%，枯（平）水量只占 26%。表 2-4 数据显示，三峡水库运行前的 1999—2002 年其水量是 2 813 亿立方米，枯（平）水期就是 731.3 亿立方米；三峡水库运行后的 2003—2008 年是 2 303 亿立方米，枯（平）

水期则是 559 亿立方米，即减少了 172.3 亿立方米，从而导致季节性缺水。

2.2 三峡水库运行后季节性缺水

2.2.1 三峡水库运行前的论证结论是枯水期洞庭湖水位增高，无季节性缺水

三峡水库建设前和建设期间，有关专家对三峡水库运行后能考虑到的所有可能发生的问题都进行了深入论证，其中就有涉及洞庭湖枯水期水位变化问题的论证。

①蔡述明（1997）等认为，三峡水库运行后，长江流量将发生变化，特别是枯水期水量将比过去有所增加，洞庭湖的水位也就相应会增高。表 2-9 是枯水期三峡水库下泄流量增加与洞庭湖水位提高的关系，可见其水位增高相当可观。

表 2-9　枯水期下泄流量增加使洞庭湖水位增高

增加流量 (m^3/s)	洞庭湖有关水文站水位增高值（m）						
	鹿角	营田	杨柳潭	沅江	东南湖	小河嘴	南嘴
3 000	0.62	0.57	0.10	0.17	0.17	0.18	0.24
5 000	1.61	1.48	0.30	0.45	0.45	0.48	0.64

②濮培民（1994）等通过研究得出以下结论：每年 1～4 月三峡水库下泄量增加，当蓄水到 175 m 时，城陵矶外江水位 1 月增高 0.75 m，2 月增高 1.10 m，3 月增高 0.87 m，地下水位也相应增高；并且预计在水库运行 20 年内，枯水期洞庭湖湖口处长江水位抬高 2 m 左右，相当于湖口筑起了一条高 2 m左右的堤坝，这样势必导致洞庭湖枯水期水位抬升，湖面扩大。

③谭培伦（2003）撰文指出，三峡水库启用后，长江流量 10 月明显减少，多年平均天然流量由 18 500 m^3/s 减至 10 800 m^3/s，11 月、12 月与天然流量基本一致，1～3 月水库消落，流量加大至 1 000～3 000 m^3/s，4 月、5 月不固定，一般比自然条件下加大。因此在枯水期，长江流量的增大就势必导致洞庭湖水位和地下水位的抬高。

④聂芳容（2002）等在《三峡工程与洞庭湖关系研究》一文中的“成果综述”中指出：三峡水库启用后，12 月至次年 1～3 月，水库增泄，低位洲滩和沼泽地提前淹没，影响候鸟食源；同时阻碍了垸田，特别是低位田的自然排水，使地表水聚集，地下水位抬升。

⑤朱翔（2002）在《三峡工程与洞庭湖关系研究》一文中认为，三峡水库

启用后，枯水季节的1～4月水库增泄，洞庭湖水位较启用前有所抬高。

⑥钟吕云（2002）认为，三峡水库启用后，每年1～4月加大下泄流量发电，下泄水量比自然条件下增加1 000～4 000 m^3/s，从而使得东洞庭湖和南洞庭湖水量增加6亿～7亿立方米，导致湘阴、汉寿、南县等地地下水位上升。

⑦湖南省地质调查院和湖北省地质调查院于2002年分别完成的中国地调局下达的国土资源大调查项目《长江中游主要水患区环境地质调查评价》都认为，三峡水库启用后，枯水期洞庭湖水量会增加，水位会抬升，使土壤潜育化等生态问题趋于严重。

⑧詹晓安（2002）等根据三峡水库的调度方案，采用数学模型计算，得出以下结论：三峡水库启用后，对城陵矶水位的影响总的说来枯水期水位是增高的，但幅度不大（表2-10）。

表2-10　三峡水库启用后对城陵矶水位的影响

月　份	10月	11月	12月	1月	2月	3月	4月
水位升（＋）降（－）（m）	－0.13	0.00	0.07	0.10	0.10	0.10	0.02

⑨皮建高（1995）根据三峡水库工程生态与环境科研项目领导小组的论证资料指出，三峡水库启用后，1～4月荆江地区长江水位将抬高1.0～1.5 m，洞庭湖水位也相应抬高0.153～1.172 m，因而造成地下水位抬高，如东洞庭湖区将抬升30～50 cm。

以上所列举的一些论证的依据是：枯水期三峡水库为发电和坝下航运需要而加大下泄流量，使坝下流量较自然流量增大而抬高长江水位，因此洞庭湖水位也相应抬高。

2.2.2 三峡水库运行后的观测资料与之前的论证结论相反，有季节性缺水

前已述及三峡水库运行前的1999—2002年较运行后的2003—2008年枯（平）水期减少了172.3亿立方米水量。同时有关部门对三峡水库运行前后的洞庭湖水位观测资料进行分析，得出了洞庭湖区枯水期水位没有升高反而降低，并且导致季节性缺水严重的结论。这一结论在2010年洞庭湖区域经济发展研究会组织调研活动时，常德市、岳阳市和益阳市有关部门的调查研究材料中有充分反映。

（1）常德市

①常德市市委、市政府："随着三峡水库蓄水，枯水季节水资源短缺又成

为新的问题。”

②常德市水利局：“三峡工程运行后，枯水期水资源问题开始凸现，造成生产、生活用水困难，部分堤、引水灌溉设施受到影响。”

③安乡县委、县政府：“由于三峡等水利工程截流，我县出现了河流断流等情况。”

④安乡县发改局：“虽然我县是洞庭湖区的水窝子，但三峡工程运行后缺水问题日渐突出，虎渡河、藕池河断流由运行前的年均 210 天、238 天上升到运行后的年均 250 天、315 天，松滋河运行前断流是 12 月底，运行后则提前到 11 月中旬。”

⑤安乡县水利局：“三峡工程运行后，‘三口’河系中年均径流量由 750 亿立方米减为 380 亿立方米。”

⑥安乡县环保局：“三峡工程运行后，境内松滋河、虎渡河、藕池河径流量锐减，环境容量大大缩减。”

（2）岳阳市

①岳阳市政府：“藕池西支 20 世纪 90 年代断流时间为 250～300 天，三峡水库运行后的 2006 年达 334 天；同时因干流河床的下切，沿江环湖地区取水更加困难。”

②岳阳市洞庭湖综合治理领导小组办公室：“三峡水库自蓄水以来，我市开始出现枯水危机，洞庭湖水位和地下水位均呈持续下降趋势。以三峡大坝蓄水的 2003 年为界，1998—2003 年的前 6 年，洞庭湖退水期（10 月 15 日至 11 月 15 日）城陵矶水位平均为 25.47 m，2004—2009 年的后 6 年平均水位为 23.91 m，前后下降了 1.56 m；2009 年 10 月，洞庭湖出现 142 年以来历史同期最低水位（21.62 m）。”

（3）益阳市

①益阳市市政府：“随着三峡水库的蓄水，枯水季节我市往往旱情严重，近年来连续出现历史罕见低水位，水资源季节性短缺已成为洞庭湖面临的新难题。”

②益阳市农业局：“三峡工程建成后，洞庭湖出现明显的枯水期延长和水位降低现象，过去水患突出的水窝子南县、沅江、资阳、赫山正在变成缺水的十旱地区。”

③益阳市环保局：“三峡工程运行后，‘四口’径流减少，洞庭湖蓄水量相应减少。”

④沅江市水利局：“三峡工程蓄水由 135 m 到 156 m 再到 175 m，使洞庭湖水位下降，湖容锐减，枯水断流近几年均有发生，严重影响我市农村生产和

农民生活。”

(4) 季节性缺水的相关分析

①原人大副主任、会长颜永盛同志：“如洞庭湖水的问题，过去主要是水多了，防汛是主要矛盾；现在既有水多的问题，也有水少的问题，在少雨季节，鱼米之乡没水喝的问题普遍存在。”

②省委副书记、洞庭湖区域经济发展研究名誉会长梅克保同志：“三峡水库建成后，洞庭湖水患问题大大缓解，但缺水问题又凸显出来。”

综上所述，洞庭湖枯水期水量并不是三峡水库修建前和修建时所论证的那样——在运行后增大，而是严重减少，产生了季节性缺水。

2.2.3 洞庭湖区枯水期地下水水位下降严重

洞庭湖滨岸湖积层中富含水，一般称之为地下水，属“潜水”类型。其水位决定于湖水位，两者呈正相关，湖水位高，潜水位也就高，枯水期湖水位降低，地下水水位也就降低。

湖南省地质环境监测总站在岳阳市洞庭湖滨岸湖积层中设立了地下水（潜水）观测井，每个月观测五次，逢5、10、15、25、30（或29）日进行。本书选取了东洞庭湖的4个观测井在三峡水库启用前、后的2002—2008年枯水期的观测资料平均值列于表2-11，其中岳阳市湖滨监测站地下水动态曲线明显下降（图2-1）。总体表明三峡水库运行后各个井水位都降低了，最少降低0.71 m，最多降低2.66 m，平均降低1.62 m，可见降低幅度之大。显然这与三峡水库运行后湖水位枯水期大幅度降低是一致的。

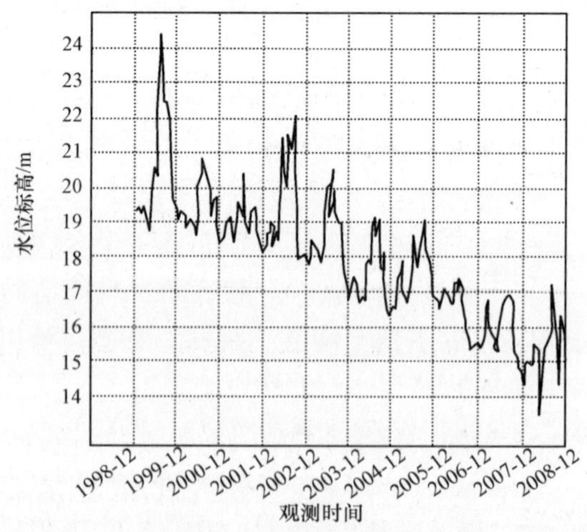

图2-1 岳阳市湖滨（Ⅰ）监测站地下水动态曲线图

表 2-11　三峡水库运行前、后潜水位观测井枯水期平均水位　　单位：m

时期			麻塘	湖滨（Ⅰ）	湖滨（Ⅱ）	黄沙湾
三峡水库运行之前	2002 年	1 月	20.44	22.23	18.57	13.67
		2 月	19.97	22.49	18.95	15.03
		11 月	20.77	24.17	18.05	13.41
		12 月	20.49	23.93	17.82	13.42
	2003 年	1 月	20.90	22.91	18.04	13.47
		2 月	21.18	27.18	18.24	14.04
	2002—2003 年平均		20.62	23.81	18.29	13.84
三峡水库运行之后	2003 年	11 月	19.99	22.63	17.02	11.27
		12 月	19.91	22.09	17.12	12.22
	2004 年	1 月	19.84	23.38	17.46	12.23
		2 月	19.40	22.89	19.63	11.66
		11 月	19.13	24.19	163.47	11.26
		12 月	19.97	22.44	16.61	11.69
	2005 年	1 月	19.25	22.81	16.65	11.88
		2 月	19.58	24.98	17.68	13.19
		11 月	22.25	25.63	17.29	12.22
		12 月	21.35	22.75	16.78	12.22
	2006 年	1 月	20.99	22.79	16.63	12.662
		2 月	20.59	24.60	17.11	13.04
		11 月	19.33	22.28	15.47	10.04
		12 月	19.29	21.97	15.34	10.36
	2007 年	1 月	19.15	23.78	15.56	11.22
		2 月	19.39	25.45	16.37	12.44
		11 月	18.68	21.54	15.06	9.09
		12 月	19.43	21.25	14.75	8.98
	2008 年	1 月	20.38	20.50	14.80	9.28
		2 月	20.23	21.13	14.92	9.23
		11 月	20.52	21.83	16.09	10.52
		12 月	19.44	20.64	14.83	9.31
	2003—2008 年平均		19.91	22.78	16.21	11.18
三峡水库运行后水位降低			0.91	1.03	2.08	2.66

2.3 洞庭湖区季节性缺水的原因分析

2.3.1 洞庭湖径流量逐年减少

韩其为院士论文中指出：1860 年藕池口和 1870 年松滋口溃口冲成藕池河、松滋河后，就奠定了“四口”分流荆江的格局。最初一段时间“四口”径流量逐步扩大，达峰值后经过一段相对平衡后径流量开始减少，到 1937 年有 1 936 亿立方米，自此以后洞庭湖来自荆江“四口”（松滋口、太平口、藕池口、调弦口）的径流量自有水文记录以来就逐年减少，到 20 世纪 50 年代有 1 552亿立方米，20 世纪 80 年代和 90 年代初只有 697 亿立方米（图 2-2）。李景保提供的数据包括“四口”和湘、资、沅、澧“四水”在 1951—1958 年洞庭湖年均径流水量还有 3 511 亿立方米，2003—2008 年三峡水库运行后年均径流量只有 2 304 亿立方米，减少了 35%，计 1 207 亿立方米（表 2-4）。

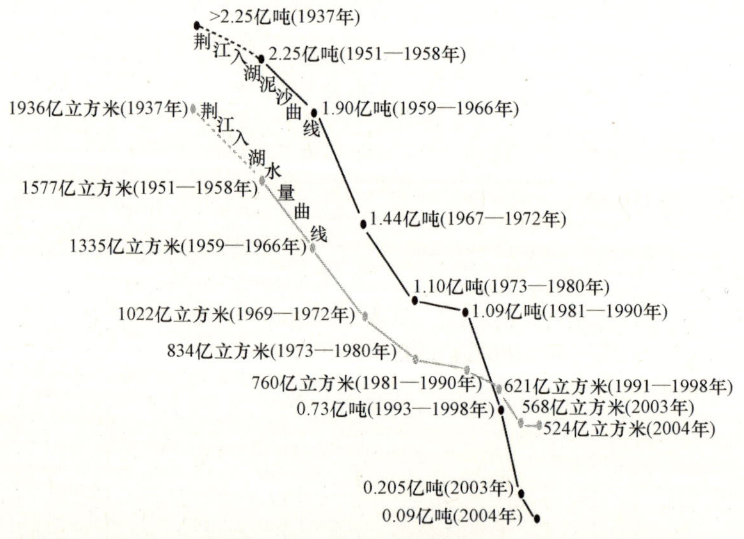

图 2-2　1937—2004 年荆江分流入洞庭湖水、沙量曲线图

2.3.2 荆江“四口”口门抬高，来水径流量减少

廖小永等（2007）对荆江近期河道冲淤变化进行了研究。他们根据 1998 年、2002 年及 2005 年的荆江实测地形图，计算了荆江河段的冲淤量，计算水位选取宜昌、沙市、城陵矶 2005 年 1 月和 8 月平均水位，其中沙市流量为 5 460 m^3/s和 3 000 m^3/s，结果见表 2-12。按表列数据，从总体来看，1998—

2002 年上荆江表现为冲刷，枯水河槽冲深 0.39 m，下荆江以淤积为主，枯水河槽淤厚 0.23 m；2003—2005 年上、下荆江河槽均表现为冲刷下切，幅度明显加大，且下荆江大于上荆江。这就表明，三峡水库运行后，荆江都是处在冲刷状态中，下荆江尤为剧烈，使河槽下切，深泓线下切达 1.91 m，水位也就会降低。与此相应的是“四口”口门抬高，特别是下荆江的口门抬得更高，使“四口”分沙、分流严重萎缩以致断流（表 2-13、图 2-3、图 2-4，附录图 18～25）。尽管枯水期三峡水库加大了下泄流量，加大的下泄流量所提高的荆江水位还是达不到“口门”高度而入不了湖。按表 2-4 数据，如果以 1981—1998 年与 2003—2008 年年均径流量计算，三峡水库运行后“四口”入湖径流量每年减少了 200.7 亿立方米。

表 2-12　荆江近期河道冲淤变化表

河段（起止断面）	长度（km）	时段	枯水河槽（Q=5 640 m^3/s）		平滩河槽（Q=3 000 m^3/s）		深泓线变化（m）
			冲淤量（$10^8 m^3$）	冲淤厚（m）	冲淤量（$10^8 m^3$）	冲淤厚（m）	
上荆江段	158.74	1998—2002	−0.66	−0.39	−1.02	−0.42	−0.36
		2003—2005	−0.99	−0.60	−0.98	−0.41	−1.37
下荆江段	170.68	1998—2002	0.35	0.23	0.22	0.07	0.20
		2003—2005	−1.13	−0.72	−1.59	−0.54	−1.91

表 2-13　荆江三口河道各时段断流天数变化

时　段	三口站分时段多年平均断流天数（天）				各站断流时枝城相应流量（m^3/s）			
	沙道观	弥陀寺	藕池（管）	藕池（康）	沙道观	弥陀寺	藕池（管）	藕池（康）
1956—1966	0	35	17	213	/	4 292	3 925	13 070
1967—1972	0	3	80	241	/	3 470	4 958	15 950
1973—1980	71	70	145	258	4 660	5 180	7 790	18 350
1981—2002	171	155	167	248	8 920	7 676	8 665	17 390
2003—2005	204	152	194	260	9 370	7 570	9 010	15 800
2006	269	206	235	336	11 000	7 400	10 100	13 700
2007	213	155	199	261	11 300	7 650	9 800	14 200

注：表中数据引自水利部长江水利委员会：《三峡水库优化调度方案研究》，2009 年 3 月。

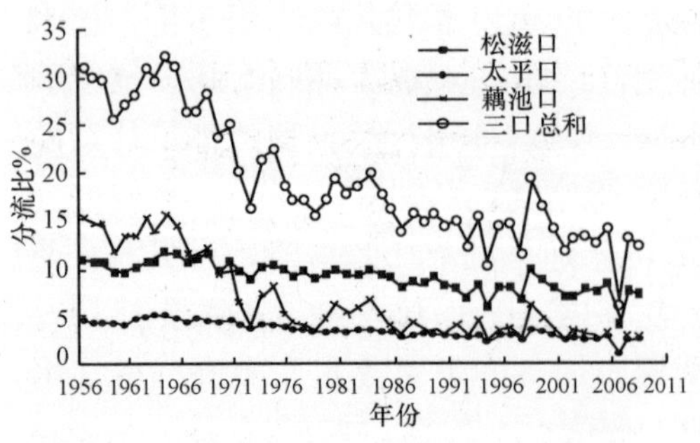

图 2-3　三口分流比 1956—2011 年变化图

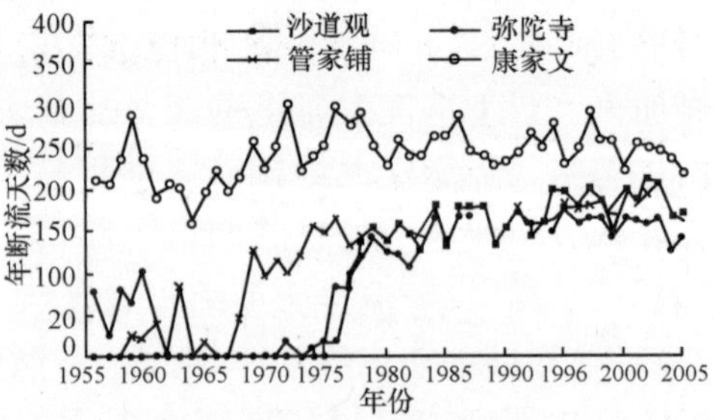

图 2-4　三口断流过程图

2.3.3 湘、资、沅、澧“四水”大修水库截水

三峡工程运行后“四水”入湖径流量亦有所减少，也是以下荆江裁弯后和三峡水库运行后减少最为明显，其原因虽然与下荆江裁弯无关，但与此后“四水”上游大量修建水库有关。按表 2-4 数据，如果以 1999—2002 年与 2003—2008 年年均径流量计算，三峡水库运行后“四口”入湖径流量每年减少了 415 亿立方米，从纯入湖减少量来说，“四水”两倍于“四口”。

2.3.4 三峡水库蓄水

三峡水库 9 月份开始蓄水，到 10 月底至 11 月达到蓄水水位之前，坝下流量减少 50%左右，聂芳容教授在其专著中以 2006 年 9 月 20 日三峡水库关闸蓄水为例就是很好的说明。9 月 20 日关闸蓄水后，坝下 9 月下旬平均流量为 9 418 m^3/s，比历年平均流量（26 200 m^3/s）少 16 782 m^3/s，减少了 64%；10 月份平均流量 9 664 m^3/s，比历年平均流量（19 200m^3/s）少9 536 m^3/s，减少了 49.6%。因而造成了长江入洞庭湖流量显著减少，以致 9 月 20 日至 10 月 31 日 41 天总入湖水量仅 15.3 亿立方米，比同期多年平均入湖流量减少 209.29 亿立方米/s，减少了 93%。故而洞庭湖 9～10 月水位大幅降低，使湖中心之南嘴 10 月多年平均水位（31.7m）降至 28～28.5 m，下降了 2.2～2.7 m；城陵矶 10 月多年平均水位（26.54 m）降至 22.1～23.82 m，下降了 3～4 m。

2.3.5 三峡水库蓄水造成长江和洞庭湖水量严重“亏损”

9 月、10 月三峡水库蓄水，坝下长江水量降低 50%左右，这将导致两种现象：一是长江水位急速下降，如按湖南省水利厅提供的资料（湖南省水利厅，《关于对新华社〈国内动态〉洞庭湖水荒严重专家建议“引江济湖”一文的意见》，2006 年），三峡水库启用后的 2003 年、2004 年、2005 年城陵矶水位 10～11 月间分别降低了 1.71 m、2.74 m、2.26 m，而三峡水库启用前的 2002 年同期才降低 0.25 m，这就表明长江水量大量“亏损”；二是由于城陵矶水位迅速下降，洞庭湖水也就急速流入长江，东洞庭湖湿地管理局的工作人员反映，只要三峡水库蓄水，洞庭湖水位就迅速降低，如此一来洞庭湖水量也“亏损”了很多。三峡水库启用以后枯水期增大的下泄流量是在长江和洞庭湖水量严重“亏损”的基础上起作用的，枯水期的增泄流量弥补长江“亏损”水量尚且不够，也就完全没有可能提高洞庭湖的水位，只会使其水位降低。

本章小结

洞庭湖枯水期水量并不是三峡水库修建前和修建时所论证的那样，即在运行后增大，而是严重减少，由此产生了日趋严重的季节性缺水。原因如下：在 1937 年以来荆江“四口”入湖水量严重减少的背景下，一是三峡水库在枯水期到来之前蓄水，荆江水位骤降，使城陵矶湖口与长江水位差骤增，使洞庭湖水快速入江东去，导致洞庭湖水量严重“亏损”，长江水量也严重“亏损”；二是枯水期“四水”中上游大量修建的水库拦截了入湖水量；三是三峡水库因发电和航运需要增大的坝下流量，致“四口”口门抬高，湖水进不了洞庭湖。

需要指出的是，对于洞庭湖水量减少造成季节性缺水，社会上的一个普遍论调是因三峡水库的运行。但这是一种不全面的认识，只能说三峡水库运行是洞庭湖水量减少的原因之一，或者说是它加剧了水量的减少而凸现因水量减少而产生的一系列问题。还需要指出的是，入洞庭湖水量以 1981—1998 年与 2003—2008 年年均径流量比较，纯减少量“四水”是“四口”的两倍，这很值得人深思。时至今日，有专家一致认为，以三峡水库运行为标志的洞庭湖区，其防洪压力会有所缓解，但出现了季节性缺水的抗旱局面，主要矛盾似有由防洪向抗旱转化的趋势，至少将汛期的防洪和枯水期的抗旱放到同等重要位置已成各界共识。

03

洞庭湖 季节性缺水导致的生态问题

自 1937 年以来，由荆江“四口”入洞庭湖的水量就逐年减少，在三峡水库运行以后这种情况尤为严重，同时“四水”入湖水量也在减少，以致出现了季节性缺水，因而对湖区生态带来了一系列影响。

3.1 生产、生活用水日趋紧张

3.1.1 旱情加剧，受旱面积增大

李景保等的不完全统计资料显示，2000 年、2002 年、2005 年、2006 年洞庭湖区受旱面积如表 3-1 所列，说明三峡水库运行前，如 2000 年受旱面积全区合计才 23 630 hm^2，可到 2006 年增加十倍多，达到 245 520 hm^2，受旱面积远大于运行前。有史以来洞庭湖区都是连年洪涝灾害，只是这些年来才有连年旱灾一说，而且干旱严重趋势有增无减。如益阳市农业局于 2010 年 11 月发布的报告《大力发展现代农业 推动农村经济发展》中称：“原来水患突出的南县、沅江、资阳、赫山均出现不同程度大面积灌溉困难，导致农作物减少减收，干旱范围及其程度不断扩大，将成为制约我市湖区农业经济发展的瓶颈。”

表 3-1 三峡水库运行前后洞庭湖区受旱面积

地区	受旱面积（万公顷）			
	2000 年	2002 年	2005 年	2006 年
岳阳市	0.650	3.631	8.549	7.152
常德市	0.573	3.983	18.247	9.918
益阳市	1.140	5.131	15.700	7.482
全区合计	2.363	12.745	42.496	24.552

产生严重干旱的原因，一是三峡水库蓄水恰巧与洞庭湖区少雨干旱的气候

期相重合，这就加剧了干旱的严重性（由岳阳市洞庭湖综合治理领导小组办公室于 2010 年提供的资料）。二是农业灌溉闸高水低，湖区许多引水涵闸无法满足取水要求（附录图 26、附录图 27）。例如益阳市大通湖区进水涵闸底板高于外河水位，不能正常引水灌溉；邻近大通湖区的草尾镇、黄茅洲镇、南大膳镇、阳罗洲镇和四季红镇有 22 处进水涵闸需要重新降低底板高程才能正常引水（据沅江市水利局《沅江市水利工作情况汇报》，2010）。

3.1.2 饮用水困难增加

据朱幸平、聂芳容提供的资料显示，“三峡水库建成之后，给荆江两岸的灌溉所带来的影响是不可低估的，北洞庭湖区的湖北省松滋县、公安县、石首县和湖南省安乡县、南县、华容县共 26.67 万公顷耕地，300 多万人口生产生活严重缺水”，而岳阳市洞庭湖综合治理领导小组办公室提供的数据则是 350.3 万人。据李景保、常疆等不完全统计，我省范围内在“三峡水库蓄水运用的 6 年中，全湖区垸内平均每年造成居民饮用水困难人数达 108.3 万”。如华容县城 13 万人，枯水季节只能采取分时分区供水度日（由岳阳市洞庭湖综合治理领导小组办公室提供资料）；又如沅江市的草尾、黄茅洲、南大膳、阳罗洲和四季红等 5 个乡镇有 36 万多人和 100 万家畜生活饮水困难（沅江市水利局《沅江市水利工作情况汇报》，2010）；还有如沅江市部分农村因地下水位降低，钻井要加深 5～8 米才能取到合格的饮用水。不仅湖区如此，同时也影响湖区以外地区，如洞庭湖水位的持续下降，增大了湘江长株潭河段的下泄水量，使湘潭站、长沙站水位创历史新低。如湘潭站 2008 年 10 月 23 日与 24 日为历史最低，长沙站水位 2008 年 10 月 25 日 8 时降至 25.17 m，接近历史最低水位 25.12 m，从而严重危及长株潭城市群供水系统的正常运转和水质、航运的安全。

3.2 越冬珍禽候鸟数量和种类减少

洞庭湖湿地物种资源相当丰富，已经记录在案的不包括昆虫的物种有 118 科 450 种，为湖南总数的 78.81%。其中鱼类有 12 目 23 科 139 种，属珍稀濒危物种有 86 种；鸟类有 16 目 44 科 316 种（附录图 28～图 30），属珍稀濒危物种有 279 种；还有众多的陆生脊椎哺乳动物，如近年发现的麋鹿（附录图 31、附录图 32），其中属珍稀濒危保护的两栖类动物有 12 种。

洞庭湖湿地是我国候鸟重要的越冬地和迁徙鸟类停歇地，历史上洞庭湖湖区越冬的水鸟达到 30 万～50 万只，可是到三峡水库运行后的 2003—2004 年减少到13万只，2004—2005年为11万只，2005—2006年少于10万只（摘自岳阳市洞庭湖综合治理领导小组办公室《关于高度重视并加大对洞庭湖保护综合治理的汇报》，2010年）。鸟类减少的原因是三峡水库运行后湖泊水位连年偏低，引起湿地过早显露，且显露持续时间长，地块开裂而坚硬，使生长在湿地上的苔原植物枯萎或不生长，使以苔原植物为主食的国际濒危物种如小白额雁等候鸟失去了食源而难以在湖区越冬（附录图33～图35）；同时因湿地干裂，泥土中的蚯蚓和螺蚌类生物死亡，使得以这些生物为主食的东方白鹳等鸟类无处觅食，导致每年来洞庭湖区越冬的珍禽候鸟大为减少。如2006年，湖泊水位较历年同期偏低5～6 m，夏季湿地则开始相继显露、干裂。12月底在东洞庭湖自然保护区，有关专家开展了越冬鸟类观测，记录到的鸟类总数仅3.5万只，只及往年同期最高纪录的一半，且候鸟种类也比同期减少了1/3。南洞庭湖亦如此。例如东洞庭湖国家级自然保护区管理局原副局长、现世界自然基金会长沙项目负责人蒋勇高级工程师在《走向洞庭》手记中于2004年2月2日的观鸟日志中记载："横岭湖靠近青山垸的一块仅2 000亩的水面中，可以见到约15 000只密密麻麻的野鸭（主要是罗纹鸭，少量针尾鸭和秋沙鸭）在沉浮觅食。"可是到2009年12月底和2010年1月初南洞庭湖自然保护区管理局戴枚斌在《南洞庭湖冬季鸟类监测报告》中指出，他当时只发现鸟类66种5 489只，其中罗纹鸭仅2 193只。

不过近年来洞庭湖区鸟类数量有回升的趋势。2006年以后，中断了四年的鸟类观测恢复。在2010年12月到2011年1月，由国家林业局湿地保护管理中心和世界自然基金会对长江中下游湿地越冬水鸟进行同步调查，在东、西、南洞庭湖，横岭湖保护区，以及长江湖南段的湖泊湿地，共记录到水鸟56种178 213只，与2006年相比增加了约7万只。尽管与三峡水库运行前差距还很大，但深刻地反映出这是自三峡水库运行后对湿地保护重视的结果，说明只要重视对湿地的保护，湿地生态将会逐渐好转。

3.3 农业鼠害加重

3.3.1 东方田鼠特性及危害农业的制约因素

东方田鼠（Microtus Fortis）（附录图36、附录图37）危害农作物，是洞庭湖区重要的农业鼠害。一般情况下东方田鼠冬春季（11月至次年4月）枯水期栖息在湖洲上，此一时期其繁殖强度大，20天可繁殖一代。春末夏初随着湖水上涨，洲滩逐渐淹没，东方田鼠以游泳方式向堤垸迁移进入垸田。一路上见啥吃啥，水稻、红薯、花生、玉米一扫而光，被啃断的稻梗有如刀割，极其严重地危害农作物安全；同时可能传播钩端螺旋体病和流行性出血热等疫病。

东方田鼠对垸田造成的危害主要决定于两个因素：一是与垸田堤外湖中的洲滩及其距离有关。堤外湖中有洲滩且其距离较近的垸田就有东方田鼠迁入垸内危害农田，堤外湖中没有洲滩的垸田或距垸田较远，就基本没有发现东方田鼠的致灾现象。二是东方田鼠对农田的危害程度与其在洲滩上繁殖的种群数量有关，而繁殖的种群数量又决定于冬春枯水期洲滩连续出露的天数和面积。出露天数越多，面积越大，东方田鼠的繁殖期就越长，种群数量也就越多，造成的农业鼠害就越严重。

3.3.2 洞庭湖区近年东方田鼠的农业鼠害情况

20 世纪 50～90 年代就有东方田鼠群发致灾的报道，给洞庭湖区造成巨大经济损失。从长时间尺度来看，1957—1960 年、1962 年、1966 年、1967 年，东方田鼠种群数量较少，为低谷年份，致灾程度较轻；1972 年、1973 年、1978 年、1979 年为东方田鼠中谷年份；1982—2000 年为东方田鼠高谷年份。东方田鼠经过持续几年的低数量之后，于三峡水库运行之后又进入了新一轮高峰期，在此期间有两次暴发成灾，一次是 2005 年，另一次是 2007 年。

3.3.2.1 2005 年的农业鼠害

据报道，2005 年中科院亚热带农业生态研究所、农业部和湖南省农业厅等有关部门组成专家组，赴洞庭湖区考察鼠害，发现东方田鼠暴发数量为近十年来最严重的一次。仅南洞庭湖区鼠害面积就达 6.8 万亩，大堤两侧平均每平方米有鼠洞 5～6 个，多的有 15 个，每洞藏鼠 5～10 只。通过稻田赶鼠，目测鼠量每亩 300～500 只，多的达到 1 000 只。当地不得不进行大规模的捕杀活动。这一年东方田鼠在洞庭湖区致灾面积有 14 400 hm^2，成灾面积近 10 000 hm^2，造成直接经济损失 4 951 万元。

3.3.2.2 2007 年的农业鼠害

据多家媒体报道，2007 年 6 月 20 日三峡水库泄洪，洞庭湖水位上升，洲滩逐渐被淹，大量东方田鼠开始陆续由外湖洲滩就近向垸田迁移。在益阳市大通湖地区人工捕杀灭鼠量达 5～10 t，仅东闸码头日捕杀量就达 3 t 多（新华网，7 月 10 日）。此后鼠害更为严重，从 6 月 21 日到 7 月 10 日，大通湖区捕杀鼠量有 90 多吨，约 225 万只（《长沙晚报》，7 月 10 日）。洞庭湖区究竟有多少东方田鼠危害农田？岳阳市植保植检站从 6 月 14 日开始调查洲滩东方田鼠情况时，做了单位面积测算，1 只/40 m^2。据此估算，整个洞庭湖沿线约有 20 亿只。一时各媒体以“20 亿只田鼠大闹洞庭”为题竞相报道，至于其准确性如何，尚待研究考证。但是东方田鼠的鼠害很严重却是事实，大家认为这是十年来最严重的一次，以至于由政府动员拨出专款灭鼠。据统计，这一年洞庭湖区 22 个县市区沿湖防洪大堤附近 533 300 hm^2 农田受灾。

3.3.2.3 老鼠捕获率

据报道，老鼠捕获率由 2004 年的 0.11%上升至 2005 年的 11.56%。2006 年在茶盘洲、北洲子、春风堤外洲滩的捕获率分别为 9.23%、31.33%和 6.20%。特别是 2007 年 5 月，在岳阳春风堤外滩和大通湖北洲子外湖滩捕获率依次上升到 52.05%及 67.7%。中国科学院亚热带农业生态研究所的李波等在东洞庭湖东侧的岳阳县麻塘村春风湖、东洞庭湖西侧的北洲子镇舵杆洲、南洞庭湖北岸的茶盘洲、西洞庭湖的贺家山芦苇场、长江北岸之华容县小集成等处，长期定点调查，各点的东方田鼠捕获率如表 3-2 所列。以上数据表明，从 2004 年建点观测东方田鼠，2005 年只有个别点有东方田鼠被捕获，到 2007 年则有多点捕获，且捕获率达到最高。

表 3-2　2003—2007 年洞庭湖区洲滩东方田鼠年捕获率

年份	捕获率（%）				
	小集成	贺家山	茶盘洲	北洲子	春风湖
2003	0	0	0	0	—
2004	0.11	—	—	—	—
2005	7.64	—	—	—	—
2006	0	—	9.23	31.33	6.20
2007	—	0	0.63	21.0	19.48

3.3.3 洞庭湖区发生严重的农业鼠害的原因

继 2005 年十年来最严重的农业鼠害只隔一年，2007 年又是十年来最严重的鼠害。其实 2007 年发生了至少应为十二年来最严重的鼠害。这一情况必然引起有关方面的重视，而分析其原因是解决鼠害的关键。据报道发生鼠害原因至少有四点：一是三峡水库开始泄洪使洞庭湖水位上升、洲滩遭淹；二是生态环境恶化；三是东方田鼠的天敌严重减少，有人甚至指出，这与长沙人大吃蛇类有关；四是枯水期水位严重降低，大片洲滩露出，这为东方田鼠呈几何级数繁衍增加提供了良好环境，等等。

"2007 年 7 月 13～17 日，中国科学院、农业部和省农业厅联合组成专家组，对洞庭湖区东方田鼠大发生的原因进行了详细调查和分析后认为，洞庭湖区生态环境总体良好，东方田鼠的天敌种类及数量与往年相比并没有明显变化。因此今年的东方田鼠大发生与其天敌（蛇、鹰）的种类和数量无直接因果关系……与洞庭湖生态环境是否恶化没有直接关系。”（《潇湘晨报》对湖南省人民政府新闻发布会发布情况的报道）因此亦有人认为洞庭湖区东方田鼠大发生只与上述原因中的第一点、第四点有关。

童潜明在《洞庭湖区农业地质环境评价》中认为，2005 年严重农业鼠害发生与三峡水库启用后，枯水期洞庭湖水位严重下降，洲滩出露时间长、面积大，使东方田鼠大繁衍种群增多有关。因此三峡水库启用是农业鼠害发生的原因之一，这一点是可以肯定的。

认为洞庭湖区农业鼠害加重与三峡水库启用有关的原因如下：

邹邵林等对三峡水库运行后东方田鼠的农业鼠害进行过研究。他引述有关文献资料：“三峡水库 1～6 月增加下泄流量，水位上升，洲滩出露天数和出露面积减少；7～9 月基本不改变下泄流量，洲滩出露情况不变；10～12 月减少下泄流量，水位下降，洲滩出露天数和面积增加。”他由此认为，三峡水库运行后除 10～12 月外，其他时段不利于东方田鼠繁殖。

邹邵林等的研究表明，三峡水库运行后农业鼠害不会加重而是减轻，但由于其研究是基于三峡水库未建成前的论证，即认为运行后洞庭湖枯水期水位的升高不会导致鼠害，这一点与实际不符，而是完全相反。因此，不仅 10～12 月，而且 1～3 月，甚至到 5 月，洞庭湖都会因为三峡水库启用而降低水位，特别是较启用前提前一个月进入枯水期。10 月气候温暖适宜，食物充足，为东方田鼠的大繁衍奠定了良好的基础。

二是有关报道已经指出，由于三峡水库 6 月下旬开始泄洪，泄洪水量逐渐加大，洞庭湖洲滩逐渐遭淹，从 6 月底到 7 月上旬，东方田鼠日以继夜大量涉水迁移至垸田。如此一来，鼠害发生了，从 6 月下旬到 7 月上旬，情况愈演愈烈。

以上两点说明了三峡水库 10～12 月的蓄水、6 月的泄洪都是洞庭湖发生农业鼠害的原因，或原因之一，或是重要原因，应是客观的。但在这两个原因中，前一个是最主要的，是本质；后一个是现象，是前一个的结果。因为如果没有泄洪，自然就没有农业鼠害；如果没有枯水期东方田鼠的大繁衍，即使泄洪，因鼠类种群少，也不能成灾。这一点张美文等在对 2007 年洞庭湖区东方田鼠暴发成灾的原因分析中说得很清楚。他认为致灾的根本原因是“湖面萎缩，洲滩扩大”，即三峡水库蓄水后，洞庭湖区中低位洲滩出露面积不断扩大，扩大了东方田鼠最适宜栖息地，冬春枯水期中低位洲滩出露天数增加，就大大延长了东方田鼠繁殖期，使其种群迅速膨胀。待到涨水期洲滩淹没，东方田鼠在逃逸中就见啥吃啥地破坏农作物，巨灾就发生了。

关于东方田鼠暴发成灾的原因即“大旱之后多鼠灾”已经成为研究者的共识。因此在2009年、2010年洞庭湖区连续出现历史上罕见的旱情后，如湖南省气象科学研究所对比了2010年5月中旬以来洞庭湖区水体卫星图像，5月17日水体面积为382 km²，5月19日为361 km²，大大低于历史同期均值900 km²，且是2004年以来的最低值，就有媒体援引专家的观点：2011年汛期之际洞庭湖区可能暴发鼠灾，但结果出人意料。当年6月份汛期初始童潜明随《潇湘晨报》的《湖湘地理》栏目记者到2007年东方田鼠暴发成灾的东洞庭湖岳阳县麻塘村春风湖、东洞庭湖北洲子舵杆洲和南洞庭湖茶盘洲实地调查(附录图38～图41)，当地群众却反映：“湖滩出露这么久，老鼠却很难看到，少有。”这一现象得到了湖南师范大学脊椎动物学邓学建教授与东洞庭湖国家级自然保护区合作的一项东洞庭湖鼠科动物调查的证实：邓教授和他的研究团队于2011年6月持续一周在东洞庭湖的采桑湖、丁字堤和新墙河入口的红旗湖布夹捕鼠，一只东方田鼠也没有抓到，捕捉率为0。为什么“大旱之后多鼠灾”在2011年没有出现？有人推测，这是因为2008年的秋汛以迅雷不及掩耳之势而来，大面积中低位洲滩淹于水下，使东方田鼠遭到灭顶之灾；紧接着在2008年与2009年相交之际的前所未有的冰灾使幸存的东方田鼠又遭到致命打击，因而东方田鼠种群尚来不及复苏，也就无法致灾了。总之在2009年以后，“大旱之后无鼠灾”是事实，其原因还值得深入研究，也引发我们对环境变化与生态之间的相互关系的思考。

3.4 扩展了血吸虫疫区范围

1972年长沙马王堆一号汉墓出土女尸的肝、肠组织切片中发现了外形完整、内容物清晰的血吸虫卵，说明2 000多年前的汉代在长沙地区就有了血吸虫病。而最早发现湖南血吸虫病例是1905年在《中华医学》杂志上报道的常德周家店一位18岁的痢疾病人大便中检出有日本血吸虫卵，直到1920年，不断有人报道常德、益阳、岳阳、华容等地发现血吸虫病患者。以上说明在洞庭湖区很早以前就有血吸虫病。时至今日，洞庭湖区仍是我国血吸虫最严重的疫区，血吸虫的寄主钉螺分布面积占全国总分布面积的48%。其中岳阳、常德、益阳等三市2000年年底尚未达到血吸虫病疫情控制标准的县、市、区、场有25个，流行区人口328.66万，患者将近10万，钉镙面积1 700余平方千米，可见洞庭湖区血吸虫疫情之严重。它严重地恶化了洞庭湖区的生态环境。

血吸虫是一种地方性流行病，它流行的区域即疫区的分布受多种因素制约，其中就与洞庭湖水量的变化有关。

血吸虫必须寄生在钉螺中，有血吸虫寄生的钉螺称之为感染螺。钉螺繁殖的一个决定性因素是所产的卵必须有泥皮包裹，否则不能成活。故在无法形成泥皮的水下及干燥地面钉螺就无法繁殖，从而灭绝。洞庭湖区能形成泥皮的地方是在枯水位之上与洪水位之下的河湖洲滩上，因为枯水位之下被水淹不能生成泥皮而无钉螺繁殖；枯水位之上在枯水期后到洪水期有水淹没，待水退后地面有泥皮生成，也就有钉螺繁殖。因此洞庭湖区的钉螺只能分布在枯水位和洪水位之间可以形成泥皮的洲滩上，只有这些地方才有钉螺繁殖生存的条件。据多年统计资料，一般在 4 月上旬以前被水淹没的洲滩和 6 月底尚未淹没的洲滩才无钉螺分布。三峡水库运行后，4 月以前的 3 月、2 月、1 月及前一年的 12 月、11 月、10 月水位大幅度降低，洲滩不被淹没而有大面积出露，这就扩展了钉螺生存繁殖的空间，从而扩大了疫区范围。

据马巍等的研究，洞庭湖区钉螺扩散与洪水的大小也颇有联系。他认为大洪水可降低钉螺孳生地活螺密度。受大洪水影响，大水淹没不仅可降低钉螺产卵期间的产卵数及河湖洲滩钉螺密度，而且可延长钉螺孳生地的淹没时间（高水位持续时间越长，中低位洲滩因水淹而死亡的钉螺越多），进而降低孳生地的活螺密度；同时洲滩钉螺随洪水漂移至他处，也将降低钉螺孳生地的活螺密度。

如果说大洪水可降低钉螺孳生地的活螺密度，减轻血吸虫疫情和缩小疫区面积，那么相反，小洪水则可加重血吸虫疫情和扩大疫区面积。三峡水库运行后，由于水库对洪水调蓄功能的发挥，洞庭湖区几乎无大洪水发生，因而血吸虫疫区面积从 1990 年到三峡水库运行后就有扩大之势（图 3-1）。

以上所述是三峡水库运行后使洞庭湖区血吸虫疫情有所加重，但也有研究指出，事实并非完全如此。

如长江水利委员会血防办公室朱朝峰等从 2005 至 2010 年，在洞庭湖区及相邻的长江中游干流沿岸洲滩和洞庭湖沿岸洲滩设置了 20 多处钉螺密度变化跟踪监测点，进行了 6 年的螺情跟踪监测，得出了三点结论：一是长江中游干流沿岸洲滩、洞庭湖洲滩监测点的活螺密度上升的仅有 10%，活螺密度下降的监测点达 90%。二是三峡工程蓄水后，2005—2010 年 4 月份长江中游平均水位比三峡工程蓄水前有所下降，故在常水位和枯水位时，洞庭湖洲滩面积随着长江中游水位降低而增大，洞庭湖有螺洲滩面积也相应增大。三是 2005—2010 年，长江干流荆江段洲滩上均未发现钉螺，与三峡工程蓄水前一样，这说明长江干流荆江段洲滩上的钉螺与洞庭湖洲滩上的钉螺并没有相互扩散。

又如黄翠云等分析了洞庭湖区 2000—2009 年血吸虫疫情变化规律，得出以下结论：居民和耕牛血吸虫感染率、人群血吸虫感染度呈明显下降趋势，但血吸虫感染度呈明显上升趋势，钉螺面积基本保持稳定。

还有王海银等于2007—2008年10月在东洞庭湖岳阳市君山公园靠近洞庭湖的一块草滩，采用系统抽样选择和固定查螺点，每月查螺分框记数、测量钉螺体形、压螺鉴定死活，结果表明，钉螺死活与三峡水库的运行没有什么关系。他的调查过程是：2007年11月钉螺活螺密度最大，为11.09只/0.11 m^2；2008年11月最小，为1.25只/0.11 m^2。2008年11月其密度最小是因为出现了两次死亡高峰，一次是2008年2月，死亡率达88.8%；另一次是2008年11月，死亡率为73.78%。前一次是与2008年初湖南遭遇了百年一遇持续冰灾直接有关，后一次则是与2008年的秋汛导致该洲区被水淹有直接联系。

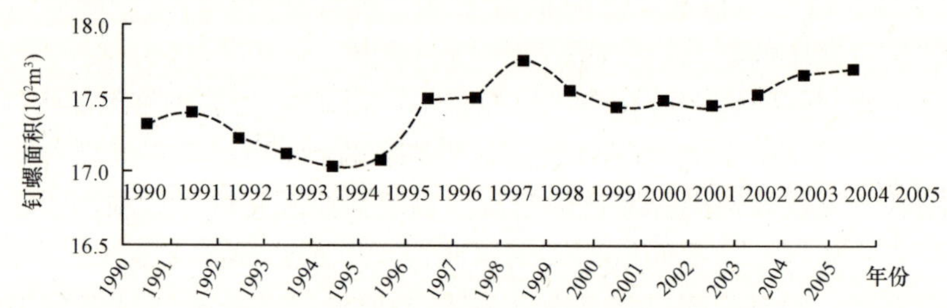

图3-1 1990—2005年洞庭湖区钉螺分布面积趋于扩大

3.5 杨树种植范围扩大的负面效应

杨树又称南方黑杨，最先将其引进洞庭湖区种植的是湖南林科院研究员袁正科等。他于1976年从南京林业大学引进，1977年在汉寿县围堤湖造了垸内第一片试验林；继之又在垸外的沅江市东南湖拐棍洲芦苇滩上造了垸外第一片试验林。经过几年试种，杨树在扩繁、生长量和适应性上表现出惊人的生长优势，如此杨树在洞庭湖得到了快速发展。到2003年，有专家规划，洞庭湖区可种植566 700 hm^2，不过也有专家认为只宜种植129 800 hm^2。

3.5.1 洞庭湖区发展杨树栽植是为增加收入而进行的产业结构调整

洲滩栽植杨树可增加收入，湖南省林科院吴立勋研究员有一个估算：每年每亩产杨树大小径材0.7～1 m^3，最高可达1.5 m^3，按现收购价800～500元/m^3，除掉约40%的种植成本计算，收益为240～450元/亩。这是一个有吸引力的数字，即使在垸田栽植也有利可图，何况湖洲滩地本是收入甚微的草地，其货币价值不值几何。因而当地政府大力倡导栽植杨树，并有明确目标而将其纳入产业结构调整规划之内，湖区各县市栽植杨树发展很快。如益阳市栽植杨树面积200多万亩，活立木蓄积量约1 400万立方米（益阳市人民政府《益阳市环洞庭湖区域发展情况汇报》，2010年）。

3.5.2 汛期未发生大洪涝灾害和枯水期缺水洲滩干涸促进了栽植杨树热潮的出现

杨树正常生长受淹水天数的制约，据袁正科研究员连续两年的杨树耐水试验观测：在流水状态下，2～3年幼杨树林，淹水不没顶，总天数在45天以内时，成活率可达100%，树高生长量接近正常；淹水没顶4天，总天数超过45天，成活率只有85%，而树高生长量只有正常生长量的15%～34%，故杨树的成活率和生长量都与淹水天数有关（表3-3）。又据汤玉喜的研究，流水条件下，滩地年均淹水总天数在30天以内基本不受影响；超过30～65天，林地产量要下降5%～34%。由此得出结论：年均淹水总天数在30天以内的滩地适宜种植杨树，淹水总天数为30～45天者通过抬垄措施也可种植杨树。

表3-3　不同淹水时间林地材积相对值与林龄关系表

年均淹水时间（天）	各年材积相对值（%）								林木保存率（%）
	1	2	3	4	5	6	7	8	
24.1	100.0	100.0	100.0	100.0	100.0	100.0	100.0	100.0	>96%
33.4	71.4	72.5	71.6	80.0	84.7	88.2	88.4	95.9	
49.8	66.7	60.9	55.9	61.8	65.4	67.2	69.4	79.6	
64.5	52.4	52.9	51.3	52.6	53.5	52.7	56.5	65.6	
85.9	61.9	14.5	15.7	14.6	14.7	16.0	15.1	21.4	<20%

自1998年洞庭湖区大洪涝灾害后至今未发生大洪涝灾害，加之三峡水库运行后枯水期水位下降较以往多，每年几乎都是同期水位降低达历史之最，洲滩出水面积范围增大、时间延长。因此季节性缺水使很多洲滩淹水天数减少，加之采取抬垄措施，就能满足杨树正常生长需要。尽管学术界都呼吁洞庭湖区种植杨树要有节制，不可过量，但有些人只从经济效益考虑，因杨树既能种，又能正常生长，栽植其主观、客观条件都已具备，从而导致洞庭湖区栽植杨树泛滥。

3.5.3 杨树栽植的影响

从现实的、目前可见的经济效益讲，洲滩杨树栽植者可获得丰厚的利益回报；杨树作为优质造纸原料，可以促进和支撑洞庭湖区支柱产业——造纸业的发展，它所产生的经济效益及就业效益是巨大的。因此从现实的经济发展角度考虑，大力发展杨树栽植业无可厚非，就如当年为解决粮食问题而围湖造田一样，其目的明确。

但是学术界从生态环境的角度所进行的研究分析认为，过量栽植杨树会产生以下负面影响。

3.5.3.1 人为改变湿地生态结构

洞庭湖湿地植物群落自然演替规律如图 3-2 所示，由于种植杨树，人为地将自然形成的草滩和芦苇滩变为林滩，就将本是各种草甸人为抬高成为落叶阔叶林地，而原有的自然草甸不复存在（附录图 42）。这种人为演替违背了自然规律，破坏了生态环境，而又未必能取得预期的经济效益。这正如湖南省人大、湖南省林业厅、世界自然基金会于 2005 年 12 月至 2006 年 1 月组织中国科学院、湖南省有关院校和有关部门、世界自然基金会专家环洞庭湖科学考察组给湖南省委、省人大、省政府的《关于洞庭湖国际重要湿地保护和管理的若干建议》第二条所说："杨树在湖区的大面积栽植和泛滥，严重破坏了湖泊湿地生态系统结构的完整性和连续性，导致湿地生态系统向陆地生态系统演替，威胁了鱼类、水生动物和鸟类的生存环境；同时在洲滩湿地植杨，成林后将造成湿地植被群落衰退乃至大面积死亡，造成物种单一的'绿色荒漠'景观，使得湖泊湿地的生物多样性下降。特别是难以预计的潜在病虫害威胁（附录图 43），对本地物种生存所造成的危害，可能具有毁灭性。同时，林纸产业在洞庭湖周边的扩张也将造成湖区水质污染的加重。"

3.5.3.2 造成湿地景观破碎化

据 2007 年湖南林科院袁正科研究员的杨树人工林对洞庭湖天然湿地的影响研究，湖区杨树过量栽植将导致景观破碎化严重。景观破碎是指原来连续的生态景观经人为作用后变为许多彼此隔离的小斑块。以 2004 年与 1983 年比较为例，破碎度由 1983 年的每 10 km^2 16 块变成 2004 年的每 10 km^2 40 块，破碎度增大 150.00%；破碎景观区面积占洲滩景观总面积的 98.57%，由原来的 538 个植被斑块变成了 1 037 个植被斑块。起物种通道作用的廊道型扁长形斑块在景观破碎后消失，相对内部面积大且利于物种聚集的鸟足状和岛屿状斑块分别减少了 6.78%和 6.76%；而内部相对面积较小的三角状、近似四边形状和圆状斑块分别增加了 19.74%、11.34%和 2.13%，由大的形状复杂的斑块变成了小而形状简单的斑块。当然湿地景观破碎化的原因除杨树斑块和因杨树造林所开排渠沟的切割以外，还有荻芦运输河道的切割，但杨树斑块及排水渠沟的切割是其重要原因。景观破碎可导致原景观中一种或多种生境类型的减

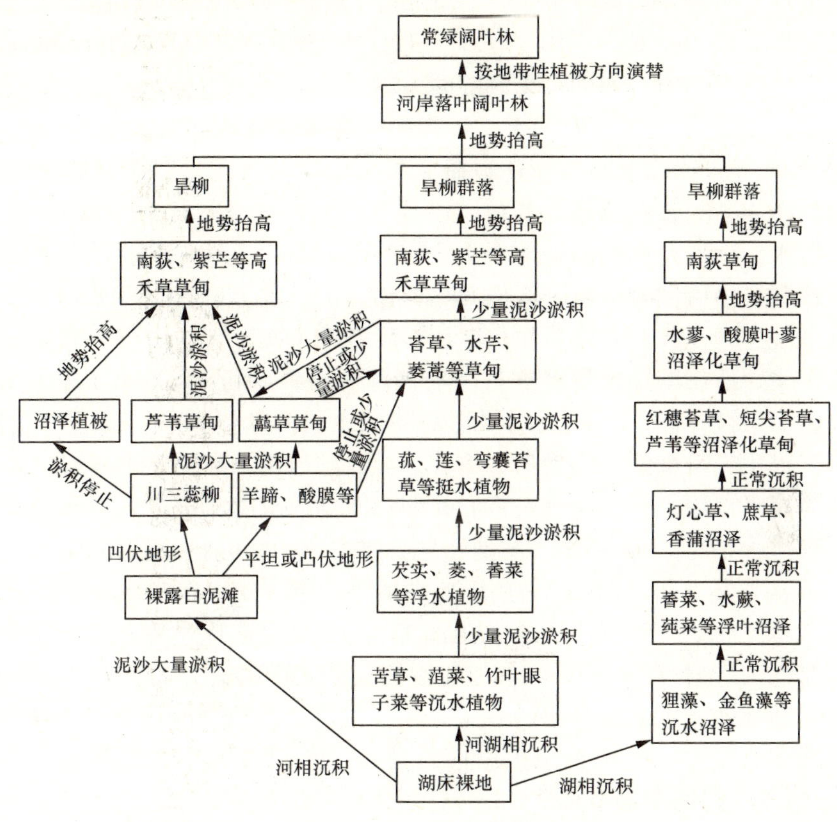

图 3-2　洞庭湖湿地植物群落自然演替模式图

少，甚至会出现地方性种群灭绝。

3.5.3.3 增加湿地温室气体（CO_2）的排放

大气温室效应对全球气候变化的影响已经引起社会的广泛关注，CO_2是浓度最高，对温室效应影响最大的温室气体，CO_2的排放量已成为国际社会缔结环境保护公约最重要的筹码。湿地对全球范围的碳循环有着显著影响，全球湿地丰富的泥炭储存，可以作为潜在的CO_2的一个重要“汇”源。湿地经过排水后，土壤物理性状发生改变，地温升高，通气性得到改善，植物残体分解速率提高，有机残体的分解过程中产生大量的CO_2气体排放到大气中，故湿地又可以表现为碳“源”。相关研究显示，洞庭湖天然湿地是碳“汇”，其土壤储存碳量为 $5\ 218.325\ 3\times10^4$ t，折合 CO_2为 $1.913\ 6\times10^8$ t。单位面积苔草（湖草）、矮禾草和杂草草甸洲滩的碳储存量为 257.69 t/hm^2。改变为杨树人工林以后五年，其单位面积储存碳量降至 230.93 t/hm²，减少了 10.38%。杨树人工林五年时间已损失碳 106.58×10⁴ t。长此下去，作为碳“汇”的洞庭湖湿地有可能变为碳“源”湿地，加大对臭氧层的破坏。

3.5.3.4 破坏了湿地原有的水文过程和生态环境格局

据 2007 年湖南省林科院袁正科研究员关于杨树人工林对洞庭湖天然湿地的影响的研究，洞庭湖湿地的形成、维持与湖泊的水文变化密切相关。“涨水为湖，退水为洲”是洞庭湖湿地水文特征的真实表述。随着水退，依次出现高位洲滩草甸、中位洲滩草甸、低位洲滩草甸、沼生水生植物、浅水湖沼等。这些湿地景观类型及其分布格局在长期相对稳定的水文过程的作用下形成，相应地形成了与之适应的动植物种群与生物群落。两者之间关系密切，相互依存。如果这种关系被打破，则湿地动植物物种和生物群落结构会即刻发生急剧变化，即湿地生态系统发生人为强行演替，导致湿地生态系统退化或遭破坏。因为杨树是呼吸作用很强的树种，将洞庭湖洲滩湿地改变成杨树人工林地，需要采取两项排水措施以利生长。一是在原始的沼泽化草甸用机械小距离（5～10 m）开沟垒垄（附录图 44），用以抬高地势，减少发洪水时水淹时间，同时降低原始草甸的地下水位，改善土壤通气性；二是在造林洲滩之间开挖可通舟的大型排水沟（附录图 45），将林中排水沟里的水沥出。

杨树造林地排水系统开挖的后果，使浅水湖沼和洲滩洲浃的沼泽地干涸，沼泽湿地变成陆地，改变了湿地的性质，打破了原生湿地的景观格局。

3.5.3.5 对湿地生物多样性的影响

改变了天然植被的生态功能和生态过程，如杨树人工林替代草滩植被，其生态种群间的关系和生态过程截然不同，使生物多样性发生了根本变化，以致丧失和破坏了珍稀鸟类的栖息和水生动物的繁殖、觅食场所。同时在丰水期高大的杨树体露出水面，它们的不规则分布，对大型珍稀濒危水生动物如中华鲟、白鳍豚、江豚等产生阻隔作用，影响其活动空间。

3.6 水质污染

3.6.1 总体水质污染不严重

有关资料显示，近几年来排入洞庭湖的工业废水为 1.5～2.3 亿吨/年，从而使水体和湖底淤泥受到污染。1996—2005 年的监测结果显示，水体的主要污染物是总磷、总氮、悬浮物及 Cd、Hg、As 等，其中有些项目间或出现超标现象。故就洞庭湖整体来说，水质污染不算严重，为Ⅳ类，是轻度污染，但有趋于严重之势。

3.6.2 枯水期洞庭湖水质污染加重，造成“季节性污染”

2002—2004 年洞庭湖 12 个监测断面的 24 项水质监测结果显示，不同季节所出现的劣Ⅴ级、Ⅴ级、Ⅳ类水质标准比例不同。据此推测，枯水期水质比平水期，特别是丰水期为差（表 3-4），如枯水期劣Ⅴ级占 25%，而平水期只占 16.7%。三峡水库运行后仍然如此，以 2005 年 3～11 月为例（表 3-5），丰水期的 6、7、8、9 月较好，平水期次之，枯水期最差，劣Ⅴ类水占 40%～60%。因此枯水期水质污染加重是客观规律。枯水期水质污染增大是因环境容量的改变，文献提供的水环境容量公式为：

表 3-4　2002—2004 年 7 个监测断面水质比例　　单位：（%）

水　质	劣Ⅴ类	Ⅴ类	Ⅳ类
枯水期	25	16.7	58.3
平水期	16.7	75.0	8.3
丰水期	8.3	8.3	83.3

表 3-5　2005 年洞庭湖监测断面水质情况

月　份	水质（%）			
	Ⅲ　类	Ⅳ　类	Ⅴ　类	劣Ⅴ类
3	0	10	30	60
4	0	30	30	10
5	0	20	30	50
6	0	40	60	0
7	0	50	50	0
8	0	30	60	10
9	10	40	40	10
11	0	10	50	40

$W_S = C_S\ (K_1 V + Q)$

式中：W_S——水环境容量；C_S——水质标准；K_1——自净系数；V——湖泊容积；Q——入湖泊流量。

水环境容量公式表明，水环境容量与入湖泊流量成正比关系。即排污量及其他参数不变，当入湖泊流量增大时，环境容量大，污染程度小；当入湖泊流量减少时，环境容量小，污染程度大。洞庭湖在枯水期水量少，环境容量降低，污染程度加大，相关文献所提供的资料即是证明。根据水环境容量公式可以将污染程度（污染指数）表示为湖水中的污染物与湖水量之商，即污染物是分子，水量是分母。洞庭湖的污染物基本上是一个常数，洞庭湖的水量是一个变数。丰水期分母大，污染指数就小；枯水期分母小，污染指数就大。从某种意义上讲，对污染的影响，分母往往起着主导作用。

三峡水库启用后较三峡水库启用前枯水期水位降至更低，入湖泊流量更少，因此洞庭湖环境容量也就降至更低，污染就更严重。例如安乡县环保局于2010 年 10 月提供的报告《治理农村面源污染　改善农村发展环境》称：从近年来几条河的采样监测结果看，水质不断变差，2003 年三峡水库运行之前藕池河西支官挡断面丰水期水质长期保持在Ⅱ类以内，枯水期也保持在Ⅲ类以内；而三峡水库运行后的 2007 年、2008 年、2009 年连续三年丰水期水质为Ⅲ、Ⅳ类，枯水期出现Ⅴ类，甚至劣Ⅴ类；而藕池河西支安乡段自 2005 年以来，在枯水期出现“季节性污染”，特别是 2005—2007 年污染更严重，出现了鱼类大量死亡现象，严重影响了沿河各乡镇居民的生产和生活。

3.6.3 排污口附近淤泥中重金属含量加重

洞庭湖区许多工业、企业的工业污水直排入湖，使排污口湖水和淤泥污染加重（附录图 46、附录图 47）。湖南省省政府和国土资源部完成的洞庭湖生态地球化学调查项目于 2004 年 10 月 16 日至 2004 年 12 月 26 日在洞庭湖采集底泥样品 59 件，分析了 Cu、Pb、Zn、Cr、Ni、As、Cd、Hg 等 8 种元素。结果表明，元素含量最高的都是工业排污口附近的样品。如采桑湖的建新农场农机厂闸口处，东洞庭湖位于扁山附近湖边之岳阳啤酒厂和造纸厂排污口，以及丰利造纸厂排污口附近，万子湖位于沅江造纸厂排污口附近等。排污口污染在枯水季节更严重，这也遵守水环境容量公式。

尽管这些年来当地政府对向洞庭湖排污企业进行了大力整顿，关闭了大批严重排污企业，但出于利益驱使，一些企业仍然向洞庭湖排放大量污水。如2011 年 6 月北洲子某造纸厂就向东洞庭湖排放黄白色的泡沫，迭起滚滚长流，所经之处水草枯黄，生物绝迹（附录图 48、附录图 49）。

本章小结

洞庭湖季节性缺水导致了一系列生态问题，以下六个方面比较突出：

一是旱情加剧，受旱面积增大，生产、生活用水日趋紧张，甚至人畜饮用水都成问题。

二是越冬珍禽候鸟的数量和种类减少，越冬候鸟由历史上的每年 30 万～50 万只，减少至这些年不足 10 万只。

三是东方田鼠的农业鼠害严重且频繁发生。

四是扩展了血吸虫疫区范围。

五是无节制地扩大杨树种植面积产生了诸多负面效应：人为造成了草滩湿地生态类型转变为森林湿地生态类型，使湿地景观破碎化加重，增加了湿地温室气体 CO_2，破坏了原有的生态环境格局，影响了湿地生态多样性，使有些生物种类生存环境恶化。

六是水质污染加剧，特别是季节性缺水导致了季节性污染。

三峡水库运行以来的将近十个年头，其对洞庭湖区生态环境的影响凸显出来，从而引起了各决策部门的高度重视。他们加强了应对措施的研究，采取了一系列行之有效改善洞庭湖湿地生态系统的办法，使洞庭湖区生态环境有所好转。如作为湿地生态环境好坏的监测器之鸟类，近年来无论是数量还是种类都有所回升，这就是洞庭湖区湿地生态变好的标志；此外政府对湖区杨树种植采取了有力措施，使新一轮杨树栽植必须保证湿地生态的可持续发展。同时对于洞庭湖区湿地生态环境的保护除了人为因素外，还有自然因素。例如三峡水库运行后的2008年百年一遇的冰灾和空前的秋汛，对东方田鼠暴发成灾和血吸虫寄主钉螺成活率的抑制起了很显著的促进作用，这是大自然的意外恩赐。

04

洞庭湖
季节性补（引）水的定量研究

4.1 湖泊功能和健康湖泊

4.1.1 湖泊功能

湖泊不仅是自然的，也是社会的。前者有维系生态系统平衡的功能，后者有服务于经济社会可持续发展的保障功能（图 4-1）。

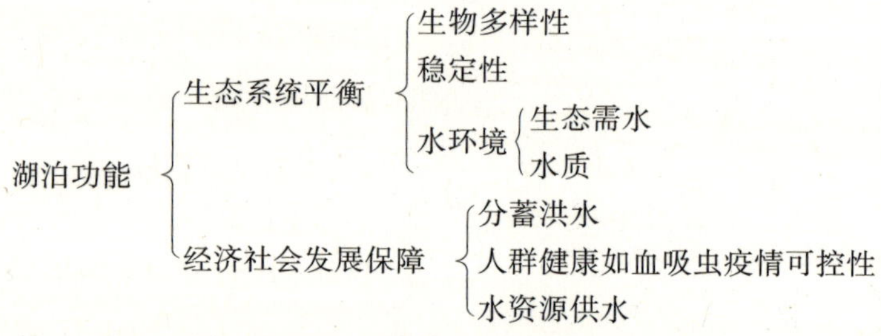

图 4-1 湖泊功能框架图

4.1.2 健康湖泊及湖泊健康程度

2005 年首届长江论坛提出“健康长江”理念。洞庭湖是长江流域的重要组成部分，故她必须定位于健康长江体系之中，应树立“健康洞庭湖”的理念。

湖泊健康程度反映人类与湖泊的协调程度，包括人类要求湖泊向人类提供可持续服务的认可程度，以及人类给予湖泊的保护程度。

4.1.3 健康湖泊评价指标

4.1.3.1 层次分析指标体系

以洞庭湖为例，拟定洞庭湖健康评价指标体系由总体层、功能层、状态层

和指标层四级组成。(图 4-2)

总体层：表述洞庭湖健康的总体水平，代表着人水协调、人与自然和谐相处的总体效果。

功能层：依据健康洞庭湖的内涵，按洞庭湖对洪水调蓄、生态平衡、经济社会保证等的承载功能来表述其健康状态。

状态层：在每个功能层下设置实现该项功能系统需要达到的 8 种状态。

指标层：表述各个状态层评价的要素共 13 个指标，其中就有湖泊生态需水量的指标。

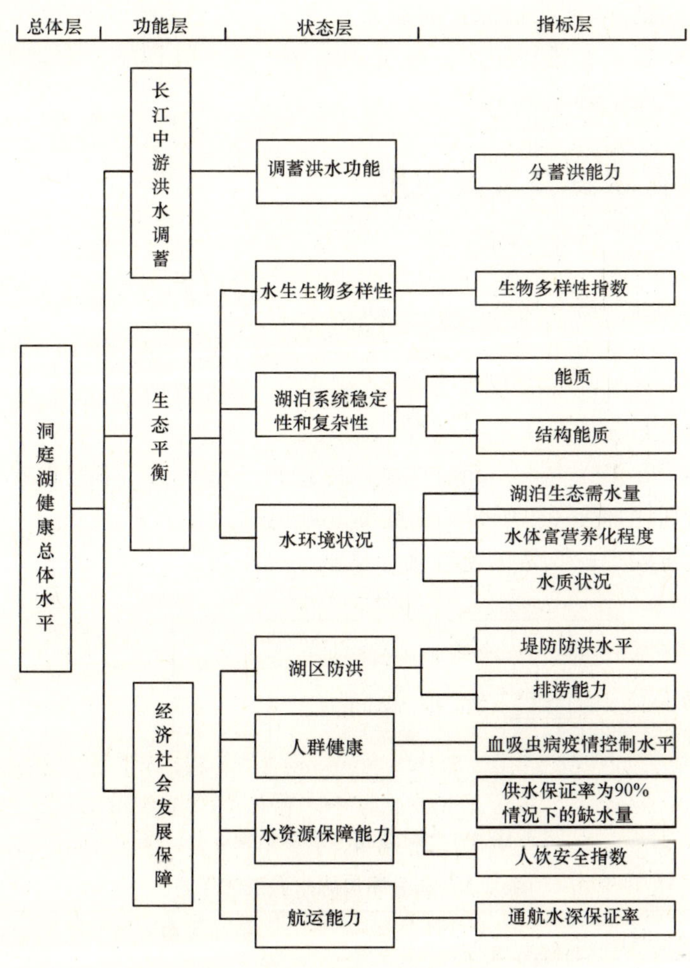

图 4-2　洞庭湖健康评价指标体系框架图

4.1.3.2 崔保山等针对沼泽湿地和河缘湿地提出的评价体系

他确定了三大类指标，即湿地生态特征指标、功能整合性指标和社会环境指标。在三大指标内，又分别提出各自的具有可操作性的亚指标。

生态特征指标包括 11 项亚指标：河岸边缘植被覆盖度、河道冲刷或淤积、水质、水源保证率、物种多样性、植物个体尺度变化率、动物个体尺度变化率、生物量、湿地退化率、斑块自然性、湿地受威胁状况。

功能整合性指标包括 8 项亚指标：洪水调控、水文调节、侵蚀控制、净化能力、栖息地、食品生产、原材料、休闲娱乐。

生物指标包括 10 项亚指标：周边人口素质、人类活动强度、人口健康状况、物质生活指数、农药利用率、化肥利用率、污水处理率、湿地保护意识、政策法规贯彻力度、管理水平。

4.2 洞庭湖区水资源及其利用

4.2.1 水资源及其变化概况

洞庭湖水资源丰富，接纳四水，吞吐长江（图 4-3）。三峡水库运行前年均入湖水量达 3 018 亿立方米；三峡水库运行以后，据 2003 年到 2008 年的统计，年均入湖水量为 2 304 亿立方米（表 4-1）。洞庭湖入湖水量年内很不均匀，汛期入湖水量 1 759.1 亿立方米（表 4-2），枯水期入湖水量只有汛期的 1/8，约为 219.88 亿立方米；同时三峡水库运行后呈水量入不敷出现象，不符合水量平衡原则，如表 4-3 所列。因此洞庭湖的水资源有两个特点：一是三峡水库运行后有所减少；二是汛期过多，枯水期则不足。

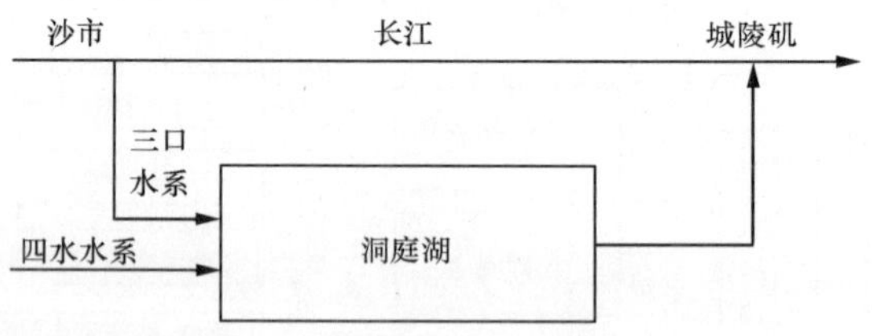

图 4-3　洞庭湖水系示意图

表 4-1　洞庭湖年均水量变化

时段（年）	年均入湖水量（亿立方米）
1951—1958	3 511
1959—1966	3 097
1967—1972	2 980

续表

时段（年）	年均入湖水量（亿立方米）
1973—1980	2 788
1981—1998	2 719
1999—2002	2 813
2003—2008	2 304

表 4-2　洞庭湖汛期（4～9 月）年均水量变化

时段（年）	年均入湖水量（亿立方米）
1999—2002	2 151.4
2003—2008	1 759.1

表 4-3　洞庭湖三峡水库运行前后出、入湖水量变化

年份	运行前				运行后			
	2001	2002	2003	年均	2004	2005	2006	年均
入湖流量 m^3/s	2 321	3 406	2 706	2 811	2 353	2 465	2 028	2 282
出湖流量 m^3/s	2 294	3 395	2 704	2 798	2 353.69	2 483	2 034	2 290
湖内盈亏流量 m^3/s	26.3	10.7	1.83	12.95	−0.69	−19.54	−5.65	−8.36

注：正号为盈，负号为亏（入不敷出）。

4.2.2 水资源利用

洞庭湖区水资源利用率仅为 20%左右，利用率不高。在水资源利用方面，湖南省水资源调查评价结果显示，洞庭湖区 2000 年总用水量 67.6 亿立方米，其中工业用水量 12.8 亿立方米，农业用水量 50.3 亿立方米，城镇生活用水量 1.58 亿立方米，农村生活用水量 2.81 亿立方米，此外还有生态环境用水量（生态需水）。

4.2.3 季节性水资源缺少量估算

三峡水库运行前，洞庭湖区的用水和供水除个别年份的枯水季节（大旱年）外，一般是没有问题的，但三峡水库运行后用水和供水就有矛盾了。据 2006 年的研究，洞庭湖区水量供不应求，产生了缺水问题。在供水保证率 90%为供水“基本安全”的情况下，洞庭湖区在枯水期普遍出现了缺水问题（表 4-4），这一年整个洞庭湖缺水 6.8 亿立方米，在西、南、东洞庭湖中以东洞庭湖缺水较轻，西洞庭湖缺水最重，表明洞庭湖区缺水上游比下游严重。

表 4-4 洞庭湖区水量供需平衡表 （单位：万立方米）

地区	需水	达到“供水安全”可供的水	缺水
汨罗江	101 581.53	91 010.53	10 571.00
新墙河	57 158.32	50 836.32	6 322.00
荆南四河区	6 544.45	5 090.45	854.00
西洞庭湖	121 807.80	98 784.80	23 023.00
南洞庭湖	134 241.52	113 035.52	21 206.00
东洞庭湖	138590.00	132140.00	6450.00
洞庭湖	559921.04	491495.04	68426.00

由于洞庭湖区国民经济的日渐发展，各行各业用水量都有所增长。预测到2030年，洞庭湖区需水总量将达到106.3亿立方米，其中生活需水量5.5亿立方米，城镇生产用水（工业、建筑业、第三产业）32.0亿立方米，农业用水68.2亿立方米，生态环境需水0.18亿立方米。

如果说洞庭湖区的水资源或入湖水量基本不变的话，那么随着洞庭湖区用水量的日渐增多，则其缺水也会日渐加重。何况洞庭湖的入湖水量排除气象因素，就是洞庭湖水系中日渐增多的水库的拦水，特别在枯水期，洞庭湖入湖水量将会日渐减少。因此缺水问题也将日渐严重，其缺水量将从2006年的6.8亿立方米预测上升到2030年的50.31亿立方米。

4.3 湿地生态需水

4.3.1 概念

（1）生态需水和湿地生态需水

生态需水是目前生态学和水科学研究的一个热门课题，近年来已经引起许多学者的关注，是针对生态与环境的保护以及水资源的合理开发利用而提出的。生态需水研究范围涉及河流、湖泊、湿地等多种类型的生态系统，其中湿地生态需水是湖泊流域生态需水的重要组成部分。为了实现湖泊流域水资源的可持续利用，研究保护、恢复以及重建退化的湿地生态需水显得尤为重要。

广义的湿地生态需水量可以理解为在特定的生态目标下，维持特定时空范围内的湿地生态系统水分平衡所需的总水量。狭义的湿地生态需水量是指湿地为维持自然生态系统，保护生物多样性、湿地景观和生态过程所需要的生态环境水量。国内生态需水的研究起步比较晚，但进展较快，其研究内容包括基础性研究和应用研究。

（2）基本生态需水量

提供一定质量和数量的水给天然生态环境，以求最大限度地改善天然生态系统，并保护物种多样性和生态整合性，这种一定质量和数量的水即是基本生态需水量。基本生态需水量的实质是生态建设（或生态恢复）需水量，即保持一定质量和数量的水对于保护天然生态系统的物种多样性和生态完整性有重要意义。随着生态系统生态学和持续发展理论的形成和深入，有专家在湿地管理和退化湿地的生态恢复研究中发现，维持湖泊湿地一定的生态需水量是保证湖泊湿地实现保护生物多样性、涵养水源、保持水土和调节气候等功能的前提。

（3）最低生态水位

最低生态水位是维持湖泊生态系统结构与功能不受不可逆的损害所需保持的最低水位，也就是说如果经常性地低于该水位的话，可能使湖泊生物多样性、湖泊水体等发生破坏，并难以修复。最低生态水位可由对应的最低生态水量反推得出。

4.3.2 生态需水的重要性

湿地生态需水的确定是水资源合理配置利用的前提，应以湿地生态系统的自然条件为基础，考虑实际生态和环境功能需要，根据实际水资源丰枯情况来确定水资源的合理配置利用。由此不难看出，为了实现水资源的合理利用首先就要保障生态需水量。如果不能保障，“实际生态和环境功能”就将被破坏，湿地水资源的其他利用就如空中楼阁，难以实现。如要强行利用，湿地就将丧失。因此“湿地生态需水是实现水资源短缺与生态环境恶化双重胁迫下的湖泊湿地水资源合理配置的重要基础”。

4.3.3 湖泊湿地生态需水量与健康湖泊等级

湖泊湿地生态健康状态与湿地生态需水之间有着密切的联系，水量是湿地生态系统健康的主导因子或主要指标层。生态系统健康与生态环境需水之间有一个对应关系，需水量分为最小、较小、中等、优等、最大五个等级，对应的生态系统健康分为疾病、临界、较健康、中等健康、健康五种状态（图 4-4）。其中最小、最大为生态需水量两个阈值，在正常状态下，湖泊蓄水量应该在两个阈值范围内波动。当生态环境需水达到最小阈值时，此即是疾病的临界点，濒于或低于此点时，生态系统将退化，造成不可逆的破坏。随着水量的逐渐增加，生态系统的发展及其健康状况就逐渐优化。当水量达到某个范围时，生态系统健康达到最佳水平，这个范围就是生态系统优等生态环境需水范围；当生态环境需水达到最大阈值或超过时，生态系统就会发生突变，也会产生疾病，即会水漫堤岸发生洪涝灾害。

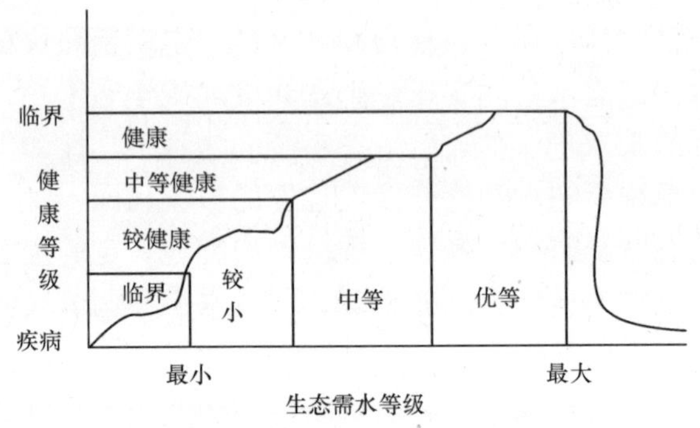

图 4-4　生态系统健康与生态需水的相关性

4.3.4 洞庭湖湿地生态系统健康现状

湿地生态系统健康评价的过程非常复杂，已提出的评价指标体系中的指标概括为自然的和人为的，其中又有很多种。对洞庭湖湿地生态健康的评价还处于初始阶段，从查阅到的文献资料来看，只有张硕辅在他完成的博士论文中进行了评价，但他选取的评价指标仅 5 项，评价结果如表 4-5 所列；黄梅等也从洞庭湖湿地生态系统的结构与功能出发，针对缺水与污染引发的洞庭湖生态健康问题，重点关注生态特征指标和水质指标，初步选取能体现洞庭湖生态系统特征和现状的评价指标进行了评价，评价分 5 个等级，即很健康、健康、较健康、一般病态、疾病。他们的评价结果显示，目前洞庭湖湿地生态健康状态为较健康等级，但有向一般病态等级发展的趋势，特别是缺水引起的湿地退化严重，并指出现有的评价还是初步的定性评价，要全面精确评价，还要构建详细和具可操作性的指标体系进行定量评价。

表 4-5　洞庭湖湿地生态系统健康诊断指标

指标	等　级					洞庭湖湿地健康状态
	很健康	健康	较健康	一般病态	疾病	
物种多样性退化	<10%	10%～20%	20%～30%	30%～40%	>40%	25%
湿地退化率	<5%	5%～15%	15%～25%	25%～35%	>35%	43%

续表

指标	等级					洞庭湖湿地健康状态
	很健康	健康	较健康	一般病态	疾病	
河岸边缘植被	未受扰动的原始或当地植被。覆盖度>80%	轻微扰动，有个别外来物种。覆盖度60%～80%	中等覆盖，混合有原始引入的物种。覆盖度40%～60%	扰动较强烈，且多为外来株。覆盖度20%～40%	光秃地或零星植被。覆盖度<20%	40%
斑块自然性	未受人类侵扰，自然生境完好，无捕鱼	受到轻微侵扰，自然生境基本完好，无人为景观	受到中度侵扰，自然生境有退化趋势，生物栖息地面积减小	湿地遭严重破坏，排水和狩猎等使生物栖息地丧失，耕作斑块增多	自然生境遭受全面破坏，外来物种大量进入，基本为人为景观湿地	受到中度侵扰，自然生境有退化趋势，生物栖息地面积减小
水质	Ⅰ	Ⅱ	Ⅲ	Ⅳ	Ⅴ	Ⅲ～Ⅳ
水体富营养化	贫营养	中营养前期	中营养后期	富营养	重—富营养	中—富营养

注： 物种多样性退化：以洞庭湖湿地越冬水鸟减少的数量百分比计。
湿地退化率：指现有湿地面积内退化湿地面积的百分比。
河岸边缘植被：植被受干扰状态及覆盖率变化，定性与定量相结合。

4.3.5 洞庭湖湿地生态系统需水量计算方法

洞庭湖湿地生态系统处于较健康状态，有向一般病态即湿地退化严重发展的趋势。根据生态系统健康与生态需水的相关性，当务之急是确保洞庭湖湿地的最小生态需水量，只有这样才能使洞庭湖湿地保持在目前的健康等级下，生态环境不再退化，湿地生态空间不再萎缩，使生态系统健康等级不向低一级演化。由于洞庭湖湿地缺水面临的是包括水资源利用各个方面的缺水和生态缺水在内的季节性缺水，故对于最小生态需水量的确定，应该是在枯水季节保证湿地的最小需水量的同时，还要考虑到水资源利用各个方面的缺水对最小生态需水量的影响。按现有的文献资料，对湖泊湿地最小生态需水量的计算有四种方法：

①水量平衡法：根据湖泊水量平衡原理，湖泊的蓄水量由于入流和出流水量不尽相同而不断变化，在没有或较少人为干扰的状态下，湖泊水量的变化处于动态平衡。为保持湖泊的水量平衡，可据此算出出湖水量，并估算湖泊生态系统维持正常的结构与功能所必需的水量，而湖泊最小生态需水量应当保证补充湖泊的蒸发量、地下径流的出湖水量。

②换水周期法：换水周期系全部湖水交换更新一次所需时间长短的一个理论概念，是判断湖泊水资源能否持续利用和保持良好水质条件额度的一项重要

指标。湖泊最小生态需水量可以根据枯水期出湖水量和换水周期来确定。

③最低水位法：不同流域水位和水深与湖泊生态系统的面积与容积具有明显的相关性，湖泊生态系统各组成部分生长繁殖所必需的水位和水深不同，实现不同的湖泊系统的生态环境功能所必需的水位和水深也不同。最低水位法是指根据维持湖泊生态系统和满足湖泊主要生态环境功能的最低水位最大值与水面面积的积，来确定湖泊生态环境需水量。

④功能法：根据生态系统生态学的基本理论和湖泊生态系统的特点，从维持和保证湖泊生态系统正常的生态环境功能的角度，对湖泊最小生态环境需水量进行估算的计算方法。

通常按表 4-6 所列各种需水量的公式计算。

表 4-6　湿地生态环境需水量计算公式

需水量类型	采用公式	解释说明
湿地植物需水量	$dW_p \cdot dt^{-1}=A(t)\ Etm(t)$	dW_p为植物需水量，$A(t)$为湿地植被面积，Etm为蒸散发量，t为时间
湿地土壤需水量	$Q_1=\alpha H_t A_t$	Q_1为年土壤需水量；α为田间持水量或饱和持水量体积百分比，根据研究的土壤类型及级别划分而定，最小取 20%～30%；Ht为土壤厚度，取 1.5 m；At为湿地土壤面积
生物栖息地需水量	$dW_q \cdots dt^{-1}=A(t)\ BH(t)$	dW_q为生物栖息地需水量（水体水量），$A(t)$为湿地面积，B为水面面积百分比（%），$H(t)$为水深，t为时间
补给地下水（渗漏）需水量	$W_b=kIAT$	W_b为湿地通过自然渗漏补给地下水量；k为渗透系数；I为水力坡度；A为渗流剖面面积；T为计算时段长度，取 180 天
防止岸线侵蚀及河口生态环境需水量	$W_s=Q_y C_n{}^{-1}$	W_s为需水量；Q_y为泥沙年淤积量；Cn为冲泄流能力，常为经验数据，以每 10^8 m^3水量可冲泥沙 5×10^8 m^3计
稀释净化污染物需水量	$dW_j \cdots dt^{-1}=\rho Q_d(t)+\beta Q_f(t)$	W_j为湿地净化需水量，t为时间，$Q_d(t)$为湿地可容纳、可承载点源污水排放量，Q_f为非点源污水进入湿地总量，ρ、β分别为点源污水和非点源污水的稀释倍数。稀释倍数的计算根据达标排放浓度与地表水国家标准比值而定

续表

需水量类型	采用公式	解释说明
溶盐洗盐需水量（需要溶盐、洗盐的滨海区）	$W_y=A_m$ $m=vnT*$	W_y为溶盐洗盐需水量，A为洗盐土壤面积，m为冲洗或淋盐用水定额，v为冲洗下渗水孔隙流速，n为土壤孔隙率，T为冲洗时间或计划淋盐时间
湿地生态环境需水量	$W=W_p+Q_t+W_b+W_s=Max$ $(W_q,[W_j])+[W_y]$	W为湿地生态环境需水量，W_p为植物需水量，Q_t为土壤需水量，W_q为生物栖息地水体需水量，$[W_j]$为一定规划年内需要保证的稀释净化污染物需水量，W_b为渗漏需水，W_s为防止岸线侵蚀及河口生态环境需水，$[W_y]$为不定期要保证的溶盐洗盐需水量，时间单位亦按年来计算

4.3.6 最小生态需水量计算结果

洞庭湖湿地生态系统最小生态需水量近年来有研究者进行了计算，但这些计算仅是选取了表4-6中的一些款项，只能说是一种初步的研究或一种尝试。查阅现已发表的文献资料有三种计算方法及结果。

4.3.6.1 湖南师范大学资源环境学院黄梅等的计算

根据水量平衡原理，湖泊的水量变化应处于动态平衡状态，其表达式为：

$$dv/dt=(P+R+G_i)-(D+E+G_o)$$

P——降水量；

R——入湖地表径流量；

Gi——入湖地下径流量；

D——出湖地表径流量；

E——湖泊水面蒸发量；

G_0——出湖地下径流量（湖底渗漏量）。

湖泊最小生态需水量应当保证补充湖泊的蒸发量（E）、地下径流的出湖水量（G_0），这两项水量实际上是湖泊生态需水量的下限。在应用水量平衡法计算生态需水量时没有考虑所谓工程性用水，只是根据洞庭湖区的湖面净蒸发量和湖底渗漏量计算出洞庭湖年均耗水量为2.68亿立方米（表4-7）。2.68亿立方米即为最小生态需水量。

表 4-7 洞庭湖年均耗水量

项　目	多年平均耗水量（亿立方米）
湖面净蒸发量（蒸发量－降水量）	－17.54
湖底渗漏量	20.22
平均耗水量（湖面净蒸发量＋湖底渗漏量）	2.68

4.3.6.2 湖南大学环境科学与工程学院张硕辅的计算

2007 年张硕辅根据水量平衡原理对洞庭湖生态需水量进行了计算，他采用洞庭湖区 2001—2006 年水量平均系列数据核算洞庭湖生态环境需水量，同时考虑了河道外生态环境需水（图 4-5）。结果（表 4-8）表明，2001 年到 2006 年，湖泊生态系统生态需水量持续上升，特别是三峡水库运行后的 2004 年到 2006 年，出湖总水量大于入湖总水量，水量收支不平衡，湖区滞留水量为负值，需要补水，否则湖泊将会萎缩，生态系统健康将受到威胁。

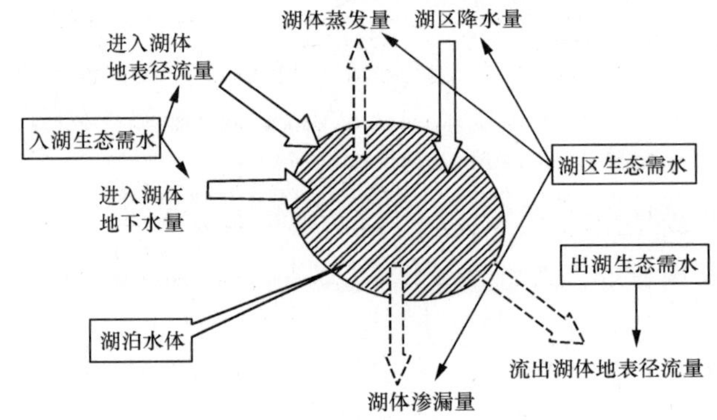

图 4-5 洞庭湖水量平衡示意图

表 4-8 洞庭湖湖泊生态需水量计算结果　　(单位：亿立方米)

年份	湖泊滞留量	湖区生态环境补水量	河道外生态环境需水	生态需水量
2001	26.3	0	0.199 2	0.199 2
2002	10.3	0	0.223 9	0.223 9
2003	1.84	0	0.232 2	0.223 9
2004	－0.69	0.69	0.248 8	0.938 8
2005	－19.54	19.54	0.269 5	19.809 5
2006	－5.65	5.65	0.283 6	5.933 6

4.3.6.3 张硕辅和湖南省水利水电勘测设计研究总院谭晓明的计算

湖泊生态环境需水量是指为保证湖泊特定发展阶段的生态结构，发挥其正常的环境功能并保护生物多样性所必需的一定质量的生态需水量。湖泊生态需水由入湖生态需水、湖区生态需水和出湖生态需水三部分组成，它们存在最大、最小两个阈值。在正常状态下，就在这两个阈值范围内波动；低于最小生态需水时，湖泊生态系统结构和功能将受到不可逆的损失。因此在洞庭湖区水资源的配置过程中，既要满足湖区生态需水，又要保证出湖最小生态需水。根据洞庭湖水资源特点，需水计算总体框架模型如图 4-6 所示。

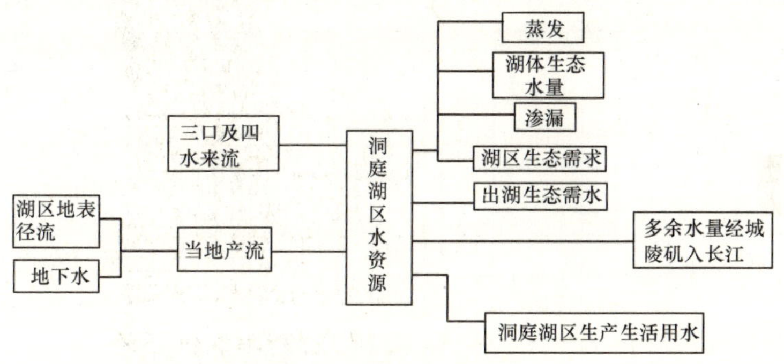

图 4-6 洞庭湖需水计算模型

计算式为：$W_{总}+W_{湖}+W_{生}$

$W_{总}$——洞庭湖区总需水量

$W_{出}$——城陵矶出湖最小生态需水

$W_{湖}$——湖区生态需水

$W_{生}$——工程性需水。

式中的 $W_{湖}$ 相当于按水量平衡原理计算出的黄梅的耗水量和张硕辅的生态需水量。

根据最低生态需水量可以推算出“最低生态水位”，湖区最小生态需水是维持最低生态水位而必须保留和消耗的水量。按对东洞庭湖的水位与面积相对应的曲线研究（图 4-7），在黄海高程 25 m 左右，湖泊水面面积的增减有显著变化，在关系曲线上存在拐点，即在 25 m 处水位降低，湖体水面面积明显减少，洞庭湖水面面积降低到 400 km^2 以下，湖泊生态功能退化。因此将 25 m 作为洞庭湖最低生态水位，当洞庭湖水位低于最低生态水位时就需补水。根据洞庭湖水系的水文特征，生态需水在汛期有保证无需补水，只是在枯水期（10 月至次年 3 月）才需补水。

洞庭湖枯水期多年平均降水量 435 m^3，多年平均蒸发量 252 m^3，单位面积产水量 18.3×10^4 m^3/km^2。根据当地水资源供需平衡分析，枯水期工业性用水 12×10^4 m^3/km^2予以扣除，则当地产水补给洞庭湖湖区水仅 63 000 m^3/km^2，折合流量为 10 m^3/s。出湖生态水按"法国 1/10 多年平均流量法"和"最枯月平均流量法"，通过洞庭湖入长江的七里山水文站 1951—2005 年水文资料系列的统计，得出出湖生态水量为 1 000 m^3/s。按洞庭湖生态需水分析模型，入湖生态需水为出湖生态需水减去湖区产水自身可补给的水量，即为 990 m^3/s，折合水量为 154×10^8 m^3。为保证足够的下泄流量，平均水量应不小于 154 亿立方米或流量每秒不小于 990 m^3，这样才能维持合适的湖泊水位和水面，保持正常的水体交换，才能避免洞庭湖生态环境发生不可逆转的破坏。

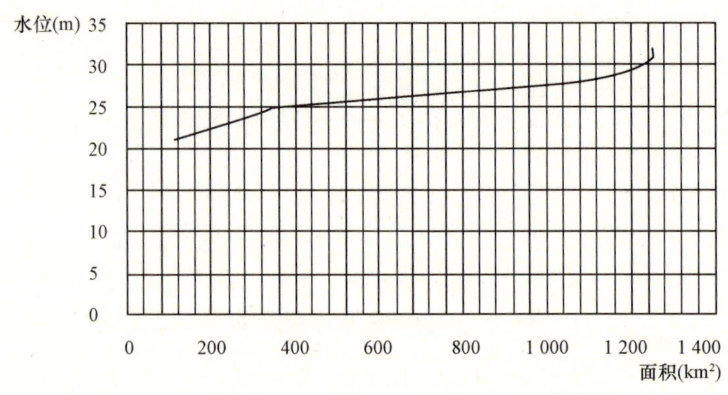

图 4-7　东洞庭湖的水位与面积曲线

4.4 解决洞庭湖季节性缺水的补（引）水量估算

洞庭湖作为一个自然湖泊和世界上非常稀少的一块湿地，要保存她就至少要满足最低生态需水量；洞庭湖作为一个社会湖泊，她对湖南人的价值是满足环洞庭湖经济带的水资源需求。从某种意义上讲，洞庭湖又是一个季节性湖泊，从她出现之日起就是"洪水一大片，枯水几道线"。"一大片"时是湖泊，"几条线"时湖泊隐退了，是几条河。"一大片"和"几条线"皆决定于水。当洞庭湖是"一大片"时，不缺水，而是过多，可造成水灾，几千年来洞庭湖区子民与其斗争，虽然苦难多多，但还是鱼米之乡，三峡水库运行后，洪水虽有威胁，但不再是年年严防死守疲于奔命；当洞庭湖"几条线"时，水少了，不仅不能满足水资源量合理利用要求，连最小生态需水量也不够，三峡水库运行后就更趋严重。有了季节性缺水，就有了季节性补水。但要补多少水，按前所述，到 2030 年，洞庭湖缺水约 50.31 亿立方米，其中生态需水 0.18 亿立方米，缺水程度洞庭湖上游（西洞庭湖）重于下游（东洞庭湖）。因此在季节性缺水时能补（引）水 50 亿立方米，平均水量不小于 154 亿立方米或平均流量不小于 990 m^3，不仅可满足生态需水，也可满足各行各业用水需求。

本章小结

①洞庭湖是自然的湖就须保证生态平衡，洞庭湖是社会的湖就须保障湖区经济可持续发展的水资源需求。为了发挥洞庭湖的自然生态平衡和社会水资源需求的功能，提出了“健康洞庭湖”的理念。湖泊健康程度反映人类与湖泊的协调程度，包括人类要求湖泊向人类提供可持续服务的认可程度，以及人类给予湖泊的保护程度，并拟定了由总体层、功能层、状态层和指标层等四级组成的洞庭湖健康评价指标体系。

②洞庭湖水资源丰富，但入湖水量年内很不均匀，汛期入湖水量 1 759.1 亿立方米，枯水期入湖水量只有汛期的约 1/8，为 219.88 亿立方米。因此洞庭湖的水资源特点是汛期过多，枯水期不足。三峡水库运行后在枯水期普遍出现了缺水问题。由于洞庭湖区国民经济的日渐发展，各行各业用水量都有所增长，缺水问题日趋严重，将从 2006 年缺水 6.8 亿立方米到 2030 年缺水至少达到 50.31 亿立方米；而且在西、南、东洞庭湖中以东洞庭湖缺水较轻，西洞庭湖缺水最重，表明洞庭湖区缺水上游比下游严重。

③按提供湿地生态需水量的最小、较小、中等、优等、最大等数值，相应地将湿地的健康等级分为疫病临界病态、较健康、中等健康、健康五个等级。据此初步分析洞庭湖湿地为较健康等级，且有向一般病态等级发展的趋势。根据水量平衡原理，计算洞庭湖最小生态需水量平均为 2.68 亿立方米，但自三峡水库运行后在逐年加大，而按保证最低生态水位的要求，洞庭湖入湖生态水量应不小于 154 亿立方米，出湖生态水流量不小于 990 m^3/s。

④解决洞庭湖季节性缺水诸方案中，有洋溪和松滋口建闸引水，如能实现，可以 1 000 m^3/s，引进江水 100 亿立方米～200 亿立方米，完全能解决洞庭湖区季节性缺水问题，所引之水是从洞庭湖上游到下游，湖内增水超过缺水量 50 亿立方米，又能保证出湖生态水流量不低于 990 m^3/s。

05

解决洞庭湖区季节性缺水方案

由于洞庭湖季节性缺水除了出现工程性缺水外，还有比较严重的生态缺水，产生了如第三章所论述的一系列生态问题，使洞庭湖湿地生态系统的健康状态有趋于病态的可能性。因而在三峡水库启用后，当洞庭湖湖区季节性缺水得到有关专家普遍认可时，就有学者、政府官员为解决这个问题提出了意见或建议。其中有的成为全国和湖南省的人大、政协会议提案，有的上书省、国务院有关部门和领导，有的以论文形式在科技期刊上发表，更有不少媒体关注而经常有有关方案和意见的报道。截至 2011 年底，本书从论文、专著、报刊和网上及有关部门的专题报告中查阅到有 32 个部门和个人提出了各种解决季节性缺水的方案（意见或建议），可分为引江济湖、蓄洪补枯和三峡水库提前蓄水三大类计 12 种，如表 5-1 所示。

5.1 引江济湖

5.1.1 调弦口引水

5.1.1.1 童潜明提出由调弦闸通过华容河引水济东洞庭湖

2005 年 11 月 4 日《潇湘晨报》的《湖湘地理》栏目以《新洞庭湖志》为篇在两个月内陆续多次深入洞庭湖采访，童潜明作为《湖湘地理》的地质顾问参加了此次活动。他于 2005 年 12 月 24 日到 2006 年 1 月 7 日又参加了由省人大环资委、省林业厅、世界自然基金会组织国内外有关专家参与的环洞庭湖科学考察，因此对洞庭湖有一些新的认识，并思考了很多问题。如湿地及其周边城乡缺水很严重，而以东洞庭湖湿地和华容县最为突出。为慎重起见，2006 年 1 月 8～10 日，童潜明等又一次到东洞庭湖的采桑湖、大小西湖、华容河入东洞庭湖的六门闸、沿华容河经县城抵长江入华容河的调关闸，进行了地质地

表 5-1　解决洞庭湖区季节性缺水方案

- 解决洞庭湖区季节性缺水方案
  - 引江济湖
    - 调关闸引水
      - 童潜明："调弦闸引水入东洞庭湖" ①
      - 华容县政府："塔市驿、调弦闸引水入华容" ②
      - 岳阳市政府："引江济湖工程论证" ③
    - 塔市驿引水　童潜明："塔市驿引水" ④
    - 洋溪引水
      - 张承建："长江润泽海再造千里洞庭" ⑤
      - 童潜明："效法都江堰宝瓶口　引水开凿洋溪口引水" ⑥
      - 郭辉东："长江—洞庭湖无坝引水" ⑦
    - 松滋口建闸引水
      - 朱辜平、聂芳容："松滋口综合枢纽工程" ⑧
      - 湖南省洞庭湖工程管理局"松滋口建闸" ⑨
    - 津石运河引水
      - 王义高：湖南省九届五次、十届一次政协提案 ⑩
      - 胡晟：全国政协十一届一次会议提案 ⑪
    - 常德大运河 ⑫
  - 蓄洪补枯
    - 城陵矶枢纽工程
      - 胡祖春："城陵矶建拦水坝" ⑬
      - 五菱电力公司："城陵矶枢纽工程前期准备" ⑭
      - 周北达、卢承志："城陵矶枢纽工程可行性探讨" ⑮
      - 白尊贤："兴建坝闸　控枯畅洪" ⑯
      - 黄兰香："洞庭湖与长江交汇处建枢纽工程" ⑰
      - 岳阳市洞庭湖综合办："拦湖大坝坝址论证" ⑱
      - 洞庭湖水利工程管理局的初研 ⑲
    - 聂芳容
      - "四水上游建库蓄储汛末洪水" ⑳
      - 东南洞庭湖、西洞庭湖建低坝枢纽工程 ㉑
      - 深挖湖 ㉒
    - 岳阳市洞庭湖综合办"小河嘴、南嘴、磊石控制性工程" ㉓
    - 洞庭湖水利工程管理局的意见 ㉔
    - 各县（市）政府意见
      - 南县政府："陈家河两端筑坝建平原水库" ㉕
      - 南县政府："藕池中、西两支上、下游建控制性工程" ㉖
      - 益阳市水利局："藕池中支、藕池口建闸" ㉗
      - 安乡县水利局："藕池河上下游建闸、松滋河疏挖建平原水库" ㉘
  - 三峡水库提前蓄水
    - 李义天：可提前到 9 月蓄水 ㉙
    - 刘心愿：提前到 9 月蓄水 ㉚
    - 聂芳容：提前到 8 月中旬或 9 月上旬蓄水 ㉛
    - 郑守仁：提前到 9 月 10 日启动蓄水 ㉜

貌、泥沙淤积和缺水状况的考察，沿途采访了当地农民，并和华容县水利局、环保局举行座谈，再次感到缺水问题的严重性。他认为缺水问题的严重性与三峡水库的启用有关，这一点由当年湖南水文水资源勘测局提供的 10 月份水库蓄水坝下流量和城陵矶水位剧减，与蓄水后从次年 1～3 月坝下增泄流量和城陵矶水位增加甚小成鲜明对照（表 5-2）而得到说明。由此可知，10～12 月，水库蓄水坝下水量到 11 月减少，其中 10 月份最为明显，以致洞庭湖湖口城陵矶水位急速下降了 1.62 m。如此一来，洞庭湖水通过城陵矶大量流入长江，以后的 1、2、3 月坝下水量虽有增加趋势，但城陵矶水位仅增长 10 cm。2006 年后几年里的事实同样如此，即三峡水库从蓄水之月开始，无论是 10 月，还是 9 月，城陵矶水位都会急速下降。可以这样说，三峡水库蓄水之时，就是洞庭湖水位骤降开始出现季节性缺水之日。基于这一认识，童潜明在环洞庭湖科学考察总结会议上，提出从调弦闸引长江水通过华容河入东洞庭湖，即“引江济湖”；同时撰写了《启动调关闸对华容河综合治理建议及工程可行性论述意见》。《潇湘晨报》于 2006 年 1 月 20 日对此作了报道；新华社谭剑记者采访了童潜明，以《洞庭湖水荒严重专家建议“引江济湖”》发表在 2006 年年初《国内动态》第 661 期。该文引起了时任湖南省委书记张春贤同志的重视，他当即批示，省水利厅应认真研究这一课题。省水利厅经研究后，以《湖南省水利厅关于对新华社〈国内动态〉洞庭湖水荒严重专家建议引江济湖一文的意见》（附后）回复张春贤书记，对“引江济湖”予以否定。2007 年 4 月 8 日，新上任不久的湖南省水利厅张硕辅厅长给童潜明回信：“引江济湖的问题，尽管我省水利专家存在两种截然不同的意见，但我个人认为，这是值得认真研究的问题。”（附后）后来童教授得知华容县已启动调弦闸引水工程，又前去考察并与该县水利局同志谈了自己的看法，又撰写了《对调关闸引水工程的意见》（附后）供其参考。

表 5-2　三峡水库运行后坝下增泄与城陵矶水位

月份	10	11	12	1	2	3
坝下水量增减（亿立方米）	−196.4	−15.1	−7.4	35.4	42.3	47.5
城陵矶增减水位（米）	−1.62	−0.06	0.02	0.10	0.10	0.10

注：正数为增，负数为减，增和减是相对于三峡水库运行前而言。

湖南省水利厅关于对新华社《国内动态》洞庭湖水荒严重专家建议引江济湖一文的意见

2006 年 3 月 17 日，我厅收到省委书记张春贤同志批转的新华社《国内动态》（第 661 期清样）《洞庭湖“水荒”严重，专家建议“引江济湖”》一文后，厅领导非常重视。厅长王孝忠同志立即批示，总工程师甘明辉同志主持会议，召集省水利厅、省水利水电勘测设计研究院、省水文局、省洞庭湖水利工程局等单位的专家进行了专题研究。认为该文作者做了大量的调查研究工作，提出的一些观点、看法对洞庭湖综合治理具有一定的积极意义。但文中也存在部分基础资料不够准确、提出的建议将对洞庭湖防洪治理产生较大不利影响等问题。现就有关问题提出如下意见：

一、关于枯水期洞庭湖水位问题

文中指出："自2003年以来，枯水期洞庭湖水位下降1.5～2 m"，从而带来"鸟类栖息环境受到破坏"、"天然鱼类生存空间缩小"等问题。据省水文部门统计，自2003年以来，枯水期洞庭湖水位属正常值范围，城陵矶水文站比历年平均值还偏高0.78 m，不存在水位下降1.5～2 m的情况（详见附表1），更不会因此造成鸟类栖息环境受到破坏、天然鱼类生存空间缩小。据水文部门预测，三峡工程建成后，由于水库的调节作用，长江中下游枯季流量将会有所增加，短期内，洞庭湖枯水期水位还有可能抬升。但目前洞庭湖确实存在鸟类栖息环境受到破坏、天然鱼类资源减少的问题，究其原因，主要是长江进入洞庭湖的泥沙造成洞庭湖淤积和水环境污染。因此，建议国家加强"三口"建闸前期研究工作，尽快实施"三口"建闸工程，加大水土保持建设力度，以控制进入洞庭湖的泥沙量，延长洞庭湖的寿命。同时，加大洞庭湖区水环境治理力度，遏制水环境恶化趋势。

二、关于水库对洞庭湖枯水期水位的影响问题

文中认为，三峡工程和洞庭湖四大支流水库"往往在枯水期大量蓄水，使得洞庭湖来水锐减"，是造成洞庭湖"水荒"的主要因素，这一观点是不正确的。众所周知，三峡水库及洞庭湖四水水库既是防洪控制性工程，同时也是水资源控制性工程，水库通过对洪水资源的拦蓄，实现雨洪资源的有效利用，增加枯水期水资源量，将使水资源在年内的分布更合理。因此，水库拦蓄不但不会造成洞庭湖"水荒"，相反，对增加洞庭湖枯水期水量还有较大的作用。

三、关于"引江济湖"问题

文中提出，"从长江引水到洞庭湖以缓解'水荒'"，即所谓"引江济湖"的措施，我厅认为这一措施弊多利少。

首先，"引江济湖"工程量巨大。目前，四口河道除调弦堵口常年断流外，其余三口，松滋、太平、藕池河道冬春季断流，每年断流时间长达100天以上，特别是藕池口，断流时间高达250天以上。因此，要实现"引江济湖"，则必须疏挖"四口"进口河段，降低进口高程，其疏挖工程量巨大，近期内难以实施。

其次，"引江济湖"将给洞庭湖区防洪带来严重影响。洞庭湖区"四口"河系由于泥沙淤积，同水位下过流能力明显下降，同流量下水位明显抬高（见附表2）。因此，疏挖"四口"进口段后，势必加大长江分入洞庭湖的水、沙量，特别是洪水期"四口"河道流量加大，洪水位抬高，将给"四口"河系地区的防洪带来毁灭性的灾害。同时，由于进入洞庭湖区的泥沙增加，加速了洞庭湖的淤积，使洞庭湖区湿地进一步萎缩，生态环境进一步恶化。

第三，“引江济湖”对抬高洞庭湖枯水期水位几乎没有作用。据统计，洞庭湖尤其是东洞庭湖枯水期水位主要受长江水位控制，因此，当枯水期“四口”分流量加大时，长江干流流量相应减少，水位相对降低。由于洞庭湖的调蓄能力远大于长江干流荆江河段的槽蓄能力，因此，“四口”分流增加洞庭湖入流抬高的水位比长江干流流量减少降低的水位要小得多，洞庭湖枯水期水位将不会有较大的抬高，“引江济湖”对抬高洞庭湖枯水期水位几乎没有作用。

四、关于洞庭湖“水荒”的问题

洞庭湖区北部地区冬春季干旱缺水问题由来已久，早在20世纪80年代，为了解决松澧地区干旱缺水的问题，修建了澧水艳洲引水坝，发挥了重要作用。近几年来，随着“三口”河道的淤积，三口河道断流时间进一步增加，洞庭湖区北部干旱问题日益严重，已引起水利部门的高度重视。为解决干旱问题，目前所采取或规划采取的措施，一是整治垸内坑塘、湖泊及哑河，增加蓄水量；二是“南水北引”措施，即将南部水资源通过灌溉闸或电力提水，引入垸内灌溉；三是结合“三口”河系整治，堵支并流，建立平原水库蓄水，确保洞庭湖北部春灌用水。

以上是我厅意见，专此说明。

二〇〇六年三月二十八日

附表1　城陵矶月平均水位特征值表　　（单位：m）

	一月	二月	三月	四月	五月	六月	七月	八月	九月	十月	十一月	十二月
（1953—2002年）多年平均	19.83	19.90	20.97	23.31	26.60	27.55	30.19	29.15	28.54	26.57	23.82	21.14
1998	23.70	22.57	24.44	24.07	26.49	28.38	34.21	35.44	32.54	26.90	22.63	20.75
1999	19.94	19.57	19.08	22.10	26.47	27.99	34.48	31.47	31.30	26.97	25.21	22.10
2000	20.76	20.66	22.78	23.97	23.83	28.42	31.02	28.61	29.17	28.57	25.68	22.38
2001	21.59	21.59	21.70	23.68	26.25	27.77	28.60	26.97	28.59	26.83	24.57	21.38
2002	20.22	20.49	23.06	23.90	29.72	29.51	30.80	32.07	28.08	24.63	24.38	22.87
（1998—2002年）平均	21.24	20.98	22.21	23.54	26.55	28.41	31.82	30.91	29.94	26.78	24.49	21.90
2003	22.22	22.17	23.21	23.87	27.96	27.47	31.88	28.36	29.53	26.20	21.98	20.94

续表

	一月	二月	三月	四月	五月	六月	七月	八月	九月	十月	十一月	十二月
2004	20.11	19.69	22.69	22.85	26.25	28.33	30.19	28.98	29.39	26.42	23.68	21.74
2005	21.30	22.87	22.88	23.34	26.49	29.65	29.21	30.19	28.93	26.67	24.41	21.57
(2002—2005年)平均	21.20	21.58	22.93	23.35	26.90	28.48	30.43	29.18	29.28	26.43	23.36	21.42
(2002—2005年)平均水位与(1998—2002年)平均水位差值	−0.03	0.60	0.71	−0.19	0.35	0.07	−1.39	−1.73	−0.65	−0.35	−1.14	−0.48
(2003—2005年)平均水位与(1953—2002年)平均水位差值	1.38	1.68	1.96	0.04	0.30	0.93	0.24	0.03	0.74	−0.14	−0.47	0.28

多年平均水位：24.52 m；历年最低水位：17.24 m（1960年2月）；历年最高水位：37.94 m（1998年8月20日）。

多年汛期平均：27.57 m；多年枯季平均：22.06 m。2003年以来汛期平均：27.95 m；枯季平均：22.84 m。

附表2　洞庭湖湖区部分站水位流量变化表

站名	流量（m^3/s）	90年代水位（m）	60年代水位（m）	水位抬高值（m）
安乡	5 000	39	37.33	1.67
	4 000	38	36.18	1.82
三岔河	1250	36	32.4	3.6
	910	35	31.9	3.1
	3250	37	34.32	2.68
南县	2560	36	33.4	2.6
	1950	35	32.4	2.6
南嘴	12100	36	34.96	1.04
	9600	35	34.04	0.96
小河嘴	15200	36	34.71	1.29
	1200	35	33.73	1.27

湖南省水利厅张硕辅厅长2007年4月8日给童潜明的信

童潜明教授：

您好！您的来信及所附论文均收悉。首先感谢您长期以来对我省水利事业的关心和支持。其次，对您这种严肃认真的工作作风、持之以恒的工作态度、精益求精的治学精神表示崇高的敬意。您的这种致力于研究的精神，值得我们年轻一代学习。

您在论文中提出的“引江济湖”的问题，尽管我省水利专家存在两种截然不同的意见，但我个人认为，这是一个值得认真研究的问题。

首先，应研究三峡工程运行后，江湖关系变化趋势，特别是洞庭湖水文情势变化趋势。研究水情变化对洞庭湖水环境、水生态、湿地等的影响，在此基础上，分析研究“引江济湖”的必要性。

其次，应研究“引江济湖”的可行性。要分析提出“引江济湖”可能采取的工程措施，研究“引江济湖”的效果，合理确定其经济效益与社会效益，对其技术可行性和经济合理性进行充分论证。

第三，应对“引江济湖”工程实施后可能产生的问题有足够的估计，并提出具体的对策措施，以减少工程实施带来的不利影响。

为此，我厅将组织有关专家就“引江济湖”的有关问题开展专题研究，希望您能就该课题研究提出宝贵意见。

湖南省水利厅　张硕辅

2007 年 4 月 8 日

对调关闸引水工程的意见

2004 年我承担了省发改委的“三峡水库启用后对洞庭湖影响的对策研究”项目，2005 年年底我参加了省人大环资委和世界自然基金会等组织的环洞庭湖科学考察，发现洞庭湖区枯水期缺水严重。如此提出了枯水期引长江水入洞庭湖缓解湿地缺水即“引江济湖”的建议。尔后于 2006 年年初和《潇湘晨报》记者邹容、张翼飞，东洞庭湖国家自然保护区管理局副局长蒋勇到东洞庭湖和沿华容河进行了考察，由我编写了《启动调关闸对华容河综合治理建议及工程的可行性论述意见》，呈报给有关部门。华容县政府和县水利局对此很重视，他们通过分析研究，向上级部门提出了调关闸引水工程的立项申请，经同意后于 2008 年由省水利水电设计研究院编制项目报告。报告编制即将完成，一经审查通过，该工程即可实施。得知这一情况后，2009 年 6 月 3～4 日我和《潇湘晨报》记者马金辉、刘建勇再一次沿华容河考察，同时县政府办公室付传贵主任、县水利局刘阳春局长、县防汛抗旱指挥部张志宏主任向我们介绍了调关闸引水工程情况。引水工程主要是“疏浚河道，加固堤防，兴修泵站，铺设管道，血防灭螺，治理污染”，这项工程因主要是解决华容河的问题，故也有人称之为“引江济河”工程。

根据以往的研究及这次考察，我对调关闸引水工程提出两点意见，供参考。

一、华容缺水将随东洞庭湖缺水的问题解决而完美解决

洞庭湖缺水态势趋于严重：

一是荆江“四口”分流入湖水量逐年减少，1937 年为 1 936 亿立方米，1967 年下荆江裁弯前为 1 335 亿立方米，2003 年三峡水库启用后为 568 亿立方米，2007 年为 543 亿立方米，2006 年还只有 183 亿立方米；“四水”入湖水量也有减少，1991—1998 年为 1 888 亿立方米，2003 年为 1 754 亿立方米，2004 年为 1 499 亿立方米；洞庭湖淤积层中的地下水位（潜水位）也已降低，在东洞庭湖的麻塘、湖滨、黄沙湾、君山设立的观测井观测到的数据显示，三峡水库启用后的 2004—2006 年较之启用前的 2002—2003 年平均降低 1.20 m。

二是除华容河的三口分流自三峡水库启用后不是按之前所论证的那样冲刷，而是淤积，尤以松滋河最严重。在该河段的水南工、松滋市中心城区大桥上、下最近 3～4 年间淤长出 6 个洲滩，2007 年再度大淤，6 个洲滩连接使整段河床全面抬升，而松滋河自三峡水库启用后占四口分流入湖水量的 60%以上，故松滋河严重的淤积，也就势必严重地影响洞庭湖水量。

三是我国完成的《中国近 500 年旱、涝分布图集》及中国科学技术蓝皮书《气候》指出，自 20 世纪末我国进入一个持续约 70 年大干旱气候期。这就必然导致长江流域降雨减少，事实上近年来降雨量确已减少，说明大干旱期缺水的大趋势已经显现。

以上三方面说明洞庭湖缺水趋势已定，洞庭湖缺水最为严重的是东洞庭湖。每当枯水季节，东洞庭湖不像南、西洞庭湖有松滋河、澧水、资水和沅水补给，她几乎是没有水流可以补给。因而东洞庭湖湿地虽然是世界上最重要的湿地，是国家最重要的重点自然保护区，这些年来国家虽然保护力度增强，但因缺水而影响湿地生态环境的问题还是很严重。在东洞庭湖区还不只是危及湿地生态，更为严重的是危及人民的正常生存，这就是华容河沿岸乡镇及县城七十余万人饮用水短缺和被污染的问题，这一点已有大量的调查报告说明。因此华容人民要求解决水的问题迫在眉睫，刻不容缓。试想，北枕长江、南滨洞庭、河网密布的华容却要像大西北干旱地区那样为饮用水发愁，其心态何以平衡！华容县现在希望实施的调关闸引水工程即“引水济河”完全可以理解。但是如果引水不考虑东洞庭湖的问题，只是解决华容县的饮用水和必需的工业用水问题，必然将增加排入东洞庭湖的污水量。这样华容的问题解决了，东洞庭湖的问题就更加严重了。我想，包括华容人民在内都不愿意看到这样的结果。我恳切要求，也希望从事引水工程的科学工作者们和政府部门，引水必须考虑洞庭湖，调关闸引水必须考虑东洞庭湖，只有在引江济东洞庭湖的前提下，才能使引江济华容河问题得到完美解决，实际上，引江济东洞庭湖只能由引江济华容河才能实现。

二、对调关闸引水工程的建议

由于没有看到调关闸引水工程方案的书面材料，我只是从县水利局介绍的情况提出两点建议：

一是在长江兴修泵站问题。根据长江调关闸水位一年内就现状有5个月左右可以使长江水自流入华容河，我们这一次考察与2006年1月的考察有鲜明对照；疏浚调关闸口门和华容河湖北境内12 km河段，4个月左右江水可自流入华容河；按历年调关闸长江水位判断，当地即使疏浚了江水也不能从闸口（底26.9m）入华容河，只有建泵站提水才能入华容河，需泵站提水3个月左右。以上措施可以保证一年来华容河都有水流，除了能够满足华容县的饮用水需要，同时也可大大缓解东洞庭湖缺水矛盾。现在的问题是在疏浚河道的前提下，能否降低调关闸闸口底板高程，在长江水位最低的3个月左右也可使江水自流入华容河。要实施这一点，必须对建泵站和降低闸口的工程就其安全性和经济性进行科学论证才可取舍。

二是铺设引水管道的问题。既然引水既要疏浚华容河，又要硬化河岸护坡，无论自流，还是建泵站提水，都可以通过华容河输送水流到需要的地方，这就没有必要费工费巨量资金铺设管道。

5.1.1.2 华容县政府引长江水解决华容县水荒

华容县虽北枕长江，南滨洞庭，河网密布，但缺水严重，且不说枯水期因农业用水不足而出现冬春旱灾，就是人畜饮用水也成问题。据近年来的统计，华容县城约16万人，日供水缺口3万～5万吨，且缺水量以0.3万吨/天在增加，用水高峰时只能采取早、中、晚三个时间定时段供水。

华容县缺水的原因，一是地下水贫乏。据湖南省地矿厅提供的水文地质资料，仅华容县城到钱粮湖一带地下水贫乏区面积达1 014.26 km^2，地下含水层单井涌水量为41.21～86.83 t/d，如此之低的单井涌水量是不能满足当地用水要求的。二是地表水也很贫乏。地表水主要来自华容河，华容河北起长江调弦口，1958年建调弦闸，南止于洞庭湖六门口，建六门闸。故现在的华容河实际上是一座南北两端建闸的带状水库，只是这座水库无长江水补给就成为无源之水，只能靠很局限的流域内降水补给，故水量有限，根本不能满足华容用水之需求；至于县境内华一水库、东湖等水量也很有限，对解决华容用水是杯水车薪。

鉴于华容县缺水已严重制约当地经济发展和人民生活安全，华容县县委、县政府计划实施长江引水工程项目，提出在调弦口引水进华容县城方案（附录图50）。

据县水利局负责同志介绍，该方案主要内容是“疏浚河道，加固堤防，兴修泵站，铺设管道，血防灭螺，污染治理”。现正在实施的项目有：一是在长江兴修泵站，根据调关闸水位，就现状而言，长江一年内在5月汛期到来后有五个月左右可以使江水自流入华容河（附录图51、附录图52）；二是疏浚被泥沙淤塞的调关闸口门（附录图53～图55）和华容河湖北境内12 km河段，四个月左右江水可自流入华容河；三是建泵站提水，按历年调关闸长江水位来看，当地即使疏浚了，华容河江水也不能从闸口（底26.9 m）入华容河，故需泵站提水三个月左右；四是从调弦口引水口到华容县城埋设水管。以上措施可以保证一年来华容河都有水流，长江之水通过管道可直达县城，满足华容县的饮用水需要。

5.1.1.3 朱辜平、聂芳容调弦口引水

湖南省洞庭湖水利工程管理局朱辜平、聂芳容教授于2009年7月在《人民长江》发表论文，认为当前华容县城生产和生活供水十分困难，水质很差，亟须从长江引水和抽水灌溉，从调弦口引水非常必要。其最佳方案“是在现有的调弦闸旁新建引水涵管和加压泵，底板高程为25 m，设两根直径为1 m的管道穿过江滩伸入江心，管尾延伸至调弦河底25 m高程以下，争取江水位28 m时自流，当江水位低于27 m时开泵抽水入华容河”。

5.1.2 塔市驿引水

5.1.2.1 华容县政府塔市驿引水

华容县政府于2007年4月19日在网上发布信息，宣布该项目选址为县境内长江南岸的塔市驿深水码头处，引水渠道经过东山乡、胜峰乡、三封市镇，全长42 km，沿途建三座加压泵站，引水规模为10万立方米/天，分两期实施。

5.1.2.2 童潜明的塔市驿或洪山头引水入华洪运河

从调关闸引水有两个难点：一是长江科学院卢金友等在2009年3月出版的《长江科学院学报》第26卷第3期发表了《长江中游下荆江调弦口治理方案探讨》一文，认为调关建闸在“三峡水库蓄水运用后，荆江调关河段将发生冲刷，岸坡可能变陡，滩槽高差加大，防洪形势更为严峻。因此对调弦口及调关弯道进行治理，调整、改善调关弯道河势，才能改变防洪形势严峻的局面”。因为调关河段的调整、改善有关长江中游地区的防洪安全，从调关闸引水必须首先保证此处防洪安全，故调关闸引水只有在这一治理工程完成后才能实施。二是调关闸位于湖北石首，要疏浚的华容河在石首境内有12 km，对调关闸引水有很多问题需要与当地政府协调，耗时耗财，还难以立时解决。鉴于这两点，童潜明教授于2011年前往考察，提出以下建议，即从塔市驿引水或洪山头引江水通过华洪运河入东洞庭湖和华容县城。

①引水线路：塔市驿北东的江岸—子塘湖—小墨山—熊家老屋—沉塌湖—碧云山—大荆湖—小荆湖—华洪运河—华容河向北西进华容县城、向南东入东洞庭湖（附录图 56）。从塔市驿到华洪运河线路总长约 30 km，其中通过小墨山可掘隧道约 5 km，13 km 明挖运河，其中尚有 8 km 是湖面。因所经之处大都为花岗岩（附录图 57），工程地质条件优越。该线路之西北端的塔市驿江岸水面标高 30 m 左右，东南端的洪山头江岸水面标高 26 m 左右。从塔市驿到洪山头，荆江长约 60 km，该线路实际是裁弯取直，缩短了 30 km，水力坡度提高 1 倍，两端又有 4 m 落差，故引水完全可自流。

从塔市驿引水到洪山头的洪水港后进入华洪运河。华洪运河建成于 1958 年“大跃进”年代，现河面宽阔（附录图 58），与长江仅一堤之隔（附录图 59），但在此河段已被阻断（附录图 60），如要利用尚需疏浚治理。好在 2011 年 12 月 26 日召开的三届五次人代会已将华容县君山区建设列入 2012 年的重要项目，首期投资 240 万，工程已进入招标阶段。需要说明的是，已在实施的华洪运河综合治理项目没有考虑长江引水入东洞庭湖这一点。

②在洪山头建泵站抽水入华洪运河，但抽水量有限，供华容县城用水尚可，要解决东洞庭湖湿地生态需水还很难。

5.1.3 洋溪引水

5.1.3.1 张承建的长江润泽海再造千里洞庭建议

朱镕基总理于 2002 年 6 月视察湖南时指示，洞庭湖水面要恢复到新中国成立之前的 4 350 km^2，即“洞庭湖 4350 还湖工程”。现在武汉工作、关心洞庭湖建设的湖南籍人士张承建先生于 2004 年在网上发布了为朱总理“4350 退田还湖工程”讲话两周年而写的博文，文中提出：“若将江汉平原荆南地区的西北部的荆江通向洞庭湖分洪道的上游制高点设在宜都市枝城镇洋溪街，原样照搬都江堰无坝引水可持续设计思想，就能迅速推进‘洞庭湖 4350 还湖工程’，继而晋级超级洞庭湖 6200 还湖工程，再造八百里洞庭。”他的这一理念以《长江润泽海再造千里洞庭》专题在《中国国家地理》发表，该文的“修复打造千里天下水”一节开宗明义地讲：“在洋溪弯道处，用运河方式将长江水引向东，再向南建造‘神湖口水道’，然后与荆江南岸高位分流并举，则会在荆江以南的洞庭湖平原上出现一个比八百里洞庭更加浩浩荡荡，横无际涯的水域润泽海。”他在 2009 年和 2010 年发布的博文中对“润泽海”有了更为具体的阐述，并编绘了相应的图件，概括起来，打造润泽海主要由“双豚一次分水堤、豚嘴二次分水堤，神湖口渠道，防冲刷低堰以及朔峡运河”等工程构成。

①分水鱼嘴。洋溪镇处长江江面十分开阔，巍巍长江出三峡后在这里有一

个大拐弯，在江心有两个江心岛，称关洲，张承建将其命名为双白鳍豚岛。它对江水自然分流，称“双豚一次分水堤”。在下游车阳河，人工设置外形如白鳍豚长嘴巴的钢筋混凝土导墙，称之为“豚嘴二次分水堤”。通过分水，将长江水量的40%由洋溪引水口入洞庭湖。一次、二次分水堤就如同都江堰水利工程的“鱼嘴”。

②神湖口引水口。洋溪镇北临长江、南倚前山，在镇口有一陶家湖。以陶家湖为起点，凿穿前山作为长江水入洞庭湖区的引水口，张承建称之为“神湖口”，就如同都江堰水利工程的“宝瓶口”。神湖口至松滋河水道先向东再向南，称之为“神湖口水道”（附录图61）。

③飞沙堰溢洪道。在江心双白鳍豚岛的后尾端设置“无碍航低堰”，称“新沙堰”，为防冲刷低堰溢洪道。就如同都江堰水利工程的“飞沙堰”溢洪道。

④朔峡运河。朔峡运河又称“八百里湖江”，由神湖口至津市澧水新洲。其中神湖口至松滋市小南海湖称“神湖口水道”，小南海湖至津市新洲称“中洲运河”。

张承建先生构想的上述工程称为“润泽海—超级洞庭湖 6 200 km^2 大自然大环湖工程”，其与明末清初历史时期的 6 200 km^2 的洞庭湖，在地理位置上是有稍许差别的。按他的构想，湖北松滋县的小南海湖、摇荡湖、马鞍湖、王家大湖以及牛浪湖（牛奶湖）与西松滋河中南段连接成片，构成“北洞庭湖”，水面绝对超过 300～400 km^2；湖南常德地区的竹田湖群、七里湖、毛里湖、西湖、珊珀湖、毡帽湖、冲天湖、涂家湖、英湖、罗家湖、百家湖，一直到牛鼻滩，与澧水和沅水的下游汛期洪道连接成片，构成“西洞庭湖”，水面绝对超过 1 800 km^2；加上现有的洞庭湖水面及“4350”还湖，就能实现 6 200 km^2 洞庭湖，即润泽海。

5.1.3.2 童潜明的效法都江堰水利工程之宝瓶口引水开凿洋溪口引水建议

张承建先生的“润泽海”构想是原样照搬都江堰水利工程的设计理念，但从地质地貌特点而言，成都盆地和洞庭盆地是有显著差异的，“原样照搬”就不一定合适，但并不能完全排斥这一观点，从中可得到解决洞庭湖区季节性缺水的启发。为此需要了解都江堰水利工程基本情况，以及岷江和成都平原与荆江和洞庭湖区的可比性。

（1）都江堰水利工程

都江堰水利工程能变害为利，历经 2 260 余年不衰，主要原因就是它能“乘势利导、调蓄洪水、无坝引水、自流灌溉”，使堤防、分水、泄洪、排沙、控流相互依存，共为体系，保证了防洪、灌溉、用水的综合效益的充分发挥。

都江堰水利工程平面构成如图 5-1、附录图 62 所示，其主体主要是由三部分工程组成：

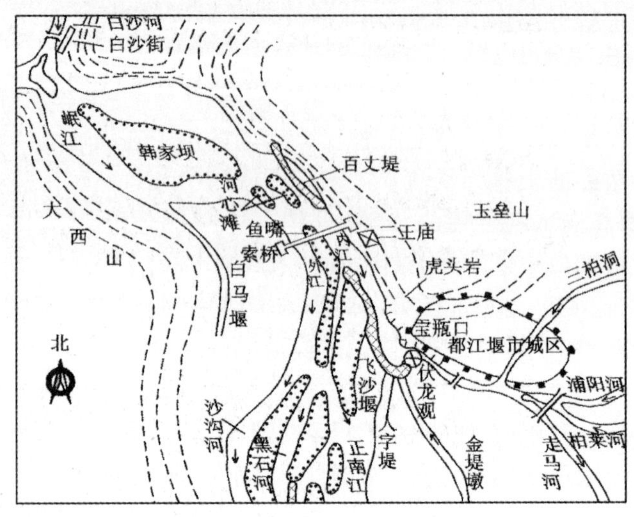

图 5-1　都江堰工程组成图

第一部分为宝瓶口工程。将阻挡岷江水向东流入成都平原的玉垒山凿出一个宽 20 m、高 40 m、长 80 m 的酷似瓶口的引水口，称“宝瓶口”（附录图 63、附录图 64）。其作用为在洪水期可分洪，使西之岷江不致洪水泛滥，枯水期自流灌溉东之成都平原以解除旱情。

第二部分为鱼嘴工程。在岷江中修建分水堰，前端似鱼嘴。其功能为可适当抬高水位，并将江水分为两支：西支称外江，沿岷江顺流而下；东支称内江，枯水期可让 60％的江水流入宝瓶口灌溉成都平原（附录图 65）。

第三部分为飞沙堰溢洪道及宝瓶口前内江弯道工程。它的作用为控制宝瓶口入成都平原的水量，多余的水从堰顶溢入外江，保证成都平原的安全；同时利用弯道的水流特性实现“正面取水，侧面排沙”，即为“飞沙”之意（附录图 66）。

（2）成都平原和洞庭湖区的可比性

岷江是长江上游的一大支流，发源于四川与甘肃交界的岷山南麓，向南流经四川盆地西部的松潘县、都江堰市、乐山市，在宜宾市汇入长江（附录图 67）。岷江对成都平原而言，是一条地道的“悬江”，如都江堰市的岷江距成都市仅 50 km，都江堰市海拔高 730 m，成都市海拔高 540 m，两地落差 190 m。洞庭湖区和成都平原一样，在其北边也伴有一条“悬江”，即长江中游之荆江。如按 1954 年洪水位资料，荆江之松滋老城为 48.59 m，而洞庭湖之南嘴才

36.05 m，相差 12.54 m（图 5-2）。

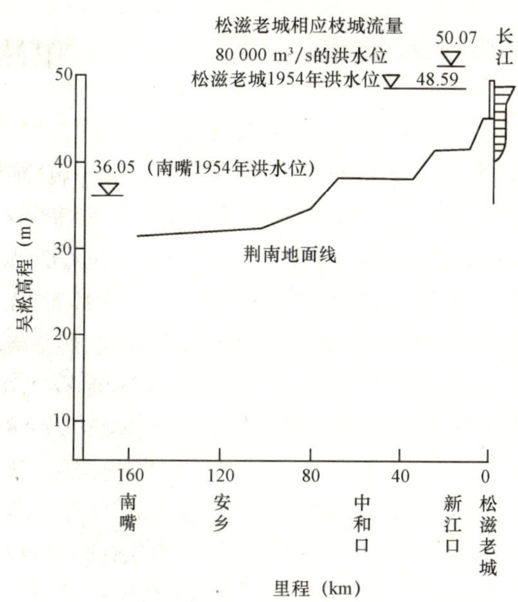

图 5-2　荆江与洞庭湖地势及洪水位图

由于是“悬江”，每当洪水泛滥，就容易发生洪灾；一到枯水季节又易发生旱灾。但也有其利，即可引悬江之水自流灌溉。

面对成都平原与岷江的自然条件，公元前 256 年，时任秦国蜀郡太守的李冰和他的儿子，率领当地人民主持修建了都江堰水利工程，之后成都平原就成为水旱从人、时无荒年、沃野千里的天府之国。

面对洞庭湖区的自然条件，历来是修大堤防洪，但不是一劳永逸之举，洪灾时有发生，直到 2003 年三峡水库启用，至少 100 年一遇的洪灾才得到解决，这一点由 2010 年的长江中游之防洪得到证明。本来洞庭湖区自古以来以洪涝灾害著称，而旱灾即季节性缺水是三峡水库启用后才出现的，至今尚无妥善解决办法。童潜明教授吸取都江堰水利工程的宝瓶口引“悬江”岷江之水自流入成都平原经验，于 2009 年和 2010 年两次赴松滋口和洋溪及一次赴都江堰水利工程实地调研，收集有关地质资料。根据地质地形条件，他认为完全可以如当年都江堰水利工程开凿宝瓶口引水工程那样开凿洋溪口工程，引“悬江”荆江之水自流入洞庭湖抗旱；至于在洋溪、长江也搞类似都江堰水利工程的“鱼嘴”、“飞沙堰”工程，对洋溪引长江水入洞庭没有意义。

（3）洋溪引水工程

工程分两大部分，一为洋溪运河（新洋运河），另为疏浚和堵支并流从新江口到南嘴的松滋河（环洞庭湖黄金水道）。

①新洋运河。洋溪镇上荆江南岸为高程 70～90 m 的丘陵岗地，此处上荆江枯水期最低水位 37 m；松滋市为丘岗平地，地面高程 45～55 m，松滋市新江口枯水期最低水位为 34 m。开挖的运河在洋溪镇入口处底板高程必须低于 37 m，到新江口运河河底必须低于 34 m，洋溪至新江口直线距离约 20 km，如此就可使荆江水自流。实际上新洋运河是洋溪到新江口的“裁弯取直”，缩短流程大于 2/3，水力坡度必然大为增加，水流速度也大为增快。运河规格按引水 300～1 000 个流量确定（附录图 68）。

②环洞庭湖黄金水道。从新洋运河到松滋市，沿松滋河出湖北至湖南安乡，从沅江南嘴入南洞庭湖转东洞庭湖，由城陵矶西接荆江，东入长江，形成环洞庭湖水道（附录图 69）。

该水道地面高程从洋溪镇开始（70～90 m），到松滋市为 46 m，到湘鄂交界的南平镇为 36 m，到安乡为 32 m，到沅江南嘴为 30 m，地形坡度由北而南降低显著，水道水面坡度应与地形坡度大体一致。但因河床多年泥沙淤积甚剧，现在不少洲滩栽植杨树林或临时筑坝，故而阻水严重，在枯水季节流水不畅时有断流。因此要使水道在枯水期水流畅通，对洞庭湖水系（图 5-3）以松滋河为主进行堵支并流、疏通泥沙、清除阻水障碍、修筑堤防而备防洪之需就非常重要。

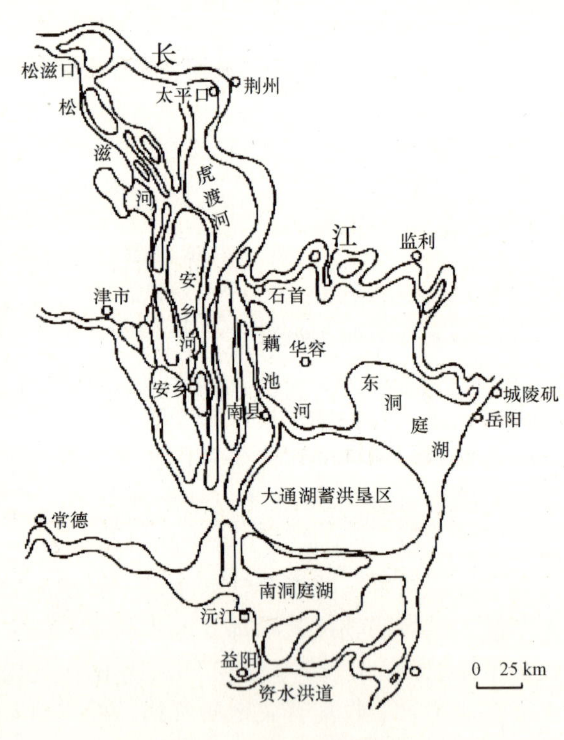

图 5-3 洞庭湖水系图

(4) 洋溪引水工程的优点

①开挖洋溪口，因岩土工程地质条件稳定，汛期不会使引水口溃决而产生洞庭湖洪灾隐患。

②在季节性缺水期一是按引 300 个流量入湖，就有 100 亿～200 亿立方米流动的水解决包括湖北几个县在内的洞庭湖从上游到下游的旱情；二是引 50～1 000 个流量入湖，不但能保证生态需水，而且有 1 000 个出湖生态水量。

因引入的水是流动的水，使洞庭湖换水周期缩短，能充分发挥湿地是“地球之肾”的功能，对生态环境保护极大。

③可使环洞庭湖黄金水道在季节性缺水期仍能通航 1 000 t 级集装箱船舶。

（5）洋溪口引水的进一步工作建议

开凿洋溪口引水是按洞庭湖区与成都平原自然条件之对比，吸取都江堰工程的经验而提出的一种方案。虽然相关专家进行过野外勘测，但大都是对能收集到的资料的分析研究，只能说是一种意向，谈不上可行性论证。因此下一步工作，建议设立专题，主要是通过野外调查和必需的测量、测算提出可行性论证方案和具体工程预算及效益评估方案。

5.1.3.3 郭辉东研究员的长江—洞庭湖无坝引水

湖南省政府参事、湖南省经济研究信息中心巡视员郭辉东研究员通过对张承建先生的“再造千里洞庭”构想进行分析，提出在“枝城到松滋口的长江大拐弯处兴建无坝引水工程，有望收到江湖两利的奇效”。他于 2009 年 12 月在湖南省省政府参事室、湖南省省政府经济信息中心邀请洞庭湖工程管理局、省水利水电勘测设计院、省国土资源厅有关专家，召开了长江—洞庭湖无坝引水设想方案座谈会，宣讲了“长江—洞庭湖无坝引水设想方案”。提出在洋溪“兴建双豚一次分水坝、豚嘴二次分水堤、上江口渠首、飞沙堰溢洪道、引水运河等工程”，就能成为“一举多得的江湖两利工程”。其好处有四条：

①分流长江进入荆江的超额洪水，降低长江中游汛期水位。

②能够遏制荆江大堤的清水冲刷，有利于两湖平原抗洪抢险。

③有利于航运。

④增加清水入洞庭，能够解决洞庭湖冬春季缺水问题。

5.1.4 松滋口建闸引水

5.1.4.1 朱辜平和聂芳容提出松滋口综合枢纽设想

该设想指出，松滋口的松滋河河段，河势稳定，南北两岸为山丘，河岸第三系砂页岩岩石出露（附录图 70），江心为百里洲洲头，洲尖沙滩稳固，把江分为南北二泓。北泓为主，南泓为支，南北两泓分流比例稳定，南泓河底高程为 34.5～35.0 m，底质为粗沙、卵石，近年虽有冲刷现象，但无显著冲深。故在此宜建枢纽工程。

工程由三部分组成：

①分洪闸。最大分洪流量 10 000 m^3/s，底板高程 35.0m，闸宽 500m。

②引水闸。当枝城流量为 5 000～6 000 m^3/s 时，引水流量为 300 m^3/s，引水闸底板高程 31.0 m，闸宽 100.0 m。

③船闸。底板高程 31.0 m，闸室有效尺寸为 280 m×34 m×5 m，最大过船吨位为 3 000 t 级。

枢纽工程建成后的效益有三：

①控制分洪流量，减少洞庭湖区洪灾。当澧水出现 1935 年型洪水，沅水、资水出现 1996 年型洪水，控制长江入流量减少 5 000 m^3/s 左右，松滋河流域和西南洞庭湖区可降低洪峰水位 0.5～1.0 m，可有效减少防洪负担和洪水灾害。

②冬枯季节可引进江水 100 亿～200 亿立方米，有效解决北洞庭湖区冬季抗旱和城乡供水矛盾，改善洞庭湖区湿地生态环境。

③新开辟长江黄金水道的洞庭湖分航道。新江口建船闸，新开辟从南嘴经安乡县城和松滋县城至新江口 200 多平方千米的航道，全年可通航 1 000 t 级集装箱船队，不仅可连接环洞庭湖十大城市的水运，还可为长江黄金水道增加双保险，战略意义重大。

5.1.4.2 湖南省洞庭湖水利工程管理局提出松滋口建闸建议

2010 年 4 月 14 日，中国水利水电科学研究院专家来湘调研，在考察的汇报中提出，为解决我省防洪和水资源持续利用问题，应尽快施行松滋口建闸工程。闸址初步选在长江南岸新江口大口，建闸规模为分洪流量 10 000 m^3/s，深孔引水闸引水流量 500～1 000 m^3/s，希望尽快开展前期工作，早日开工建设。长江委基本认可该建闸方案，在《长江流域综合规划简要报告（2009 年修订)》中已提出："加强河道观测，抓紧对松滋口建闸方案的深入研究和论证，相机实施与长江洪水错峰。"

5.1.5 津石运河引水

湖南省政协委员、湖南省经济地理研究所副所长王义高研究员在 2007 年湖南省政协第九届委员会第五次会议中提出题为《开凿津市至石首大运河，打通西洞庭湖连接长江的第二出海口》的提案，2008 年湖南省政协第十届委员会第一次会议再一次提出该方案；同年全国政协委员、长沙市人大常务委员会副主任胡晟在全国政协十一届一次会议上也以提案形式呼吁开凿津石运河。

津石运河是常德的津市澧水入西洞庭湖湖口连接湖北长江石首市的运河（附录图 71)，长约 150 km，耗资约 200 亿人民币。它的功用主要在于两个方面：

①使洞庭湖又多了一个出海口，即西洞庭常德出海口，并将原有的东洞庭的岳阳城陵矶出海口由"J"字形改为"U"字形，洞庭湖就有了东西两个具有经济价值的出海口，而构成了"环洞庭湖经济圈"。

长株潭城市一体化战略即长沙、株洲、湘潭加上衡阳、常德、益阳和岳阳都属于环洞庭湖区域，其实质就是湖南的环洞庭湖经济圈的区域经济问题。以往西洞庭湖区域的常德和南洞庭湖的益阳发展没有受到高度重视，即使是现在提出长株潭城市群，但其他城市如何融入长株潭城市群依然缺乏战略支撑点。如何把其他几个城市的积极性调动起来，以融入长株潭这个核心增长点上来，结合“环洞庭湖经济区”的战略设想，开凿长江入西洞庭湖大运河是最好的战略选择，是完全可行的。

②洞庭湖承担了长江汛期巨大超额洪水的调蓄任务。由于洞庭湖的面积逐步缩小，防洪形势依然严峻，防洪问题没有彻底解决，相反，部分区域季节性水资源短缺问题却越来越严重。开凿运河，深挖洞庭湖和主航道 10～15 m，任何情况下不低于 10 m，就可以“借长江之水以补洞庭”，那么就将抬高洞庭湖和湘江水位，减缓洞庭湖区及湘江流域季节性缺水压力。

5. 1. 6 常德大运河引水

廖进中先生等于 2011 年 9 月 21 日在红网“漫谈湖南‘十二五’发展”栏目中提出了常德大运河的设想。该运河始于安乡县境内的安裕乡和安康乡之松澧河道，向西至安乡县城，转入虎渡河北行，在安生乡向西至官垱镇开挖约 2 km的运河，使虎渡河与藕池河中支相连，再北至石首进入长江（附录图 72）。

借助常德大运河工程，将湖南常德到湖北荆州（松滋、公安、石首）间诸如澧水水库、山门水库、赵家裕水库、官亭水库及北民湖、毛里湖、淤泥湖等 20 多个大大小小的“水窝子”连接起来，尽可能实现汛期蓄水、旱期放水；同时常德大运河将澧水、松滋河东西河、虎渡河、藕池河中西支河水量全部汇流加以利用，可形成的综合航运价值也相当可观。

5. 2 蓄洪补枯

5. 2. 1 城陵矶枢纽工程

5. 2. 1. 1 胡祖春先生建议

《长沙晚报》于 2006 年 10 月 31 日报道，常德市气象局胡祖春向省委献计献策活动办公室献言，建议在城陵矶修建拦水坝（闸），把洞庭湖变成一个库湖结合的巨大蓄水站。他认为，“这一工程好比四川成都都江堰”，工业、农业都将从这一工程获益，具体的好处有：

①洞庭湖作为长江干流上一个大的调节湖，发挥着在汛期分滞洪水、确保

华中安全的重大作用，但是随着三峡大坝的建成蓄水，洞庭湖的调蓄功能将会有所弱化。如果实行了城陵矶拦水坝方案，只要依据气象、水文等各项预报预测实行科学调度，每年在汛期来临前及时敞洪，腾出湖容，洞庭湖依然还是原来的洞庭湖，照样可以接纳四水、吞吐长江；同时洞庭湖在汛期即将结束前拦蓄几十亿立方米的水量，水位将比最低水位提高 6～9 m，对于保证和补偿枯水期间长江中下游的航运将会起到至关重要的作用，而且洞庭湖四水中下游城市可做到真正意义上的通江达海。

②长期以来，因为洞庭湖冬季水位低，湖区周边的一些河流大多成了夏汛冬枯的季节河，由于枯季堤内没有水的压力，致使堤脚大量发生崩塌。当地政府年年采取人工抛石护脚、在外培厚大堤等措施，但洪水一来，大堤管涌、堤身沉裂等现象还是层出不穷。如果冬季这些河流中能保持几米水深，对大堤基脚保持一定压力，那么第二年就不会枯崩。而实现这一点的唯一办法，就只能靠城陵矶拦筑水坝以提高洞庭湖的水位，使水向上游河道回溯。

③建立城陵矶拦水坝可以有效地恢复洞庭湖的湿地形态，每提高一米城陵矶水位，就可以扩大湖面面积上百平方千米。如果能使洞庭湖在枯水季节保持 3 000 km^2 以上的面积，就能对周边地区生态环境产生明显影响，不但能有效改善周边城市以及农村的生产生活用水条件，减轻水质污染，而且可增强湖泊效应，以改善湖区及辐射区的自然气候条件，从而有利于水生植物、鱼类、禽鸟类的繁衍栖息，同时还可以避免上海出现海水回灌、咸潮入侵的危害。

④在拦水大坝内安装若干台低水头发电机组，每年发电效益不是一个小数。

湖南省水利厅王孝忠厅长在 2006 年洞庭湖水利建设现场督办会上的讲话认为，胡祖春先生的上述建议是“三峡工程建成后给洞庭湖治理带来的新的机遇”之一。

5.2.1.2 五菱电力公司的前期准备

《长江信息报》于 2007 年 9 月 11 日报道，从岳阳市发改委获悉，总投资 25 亿元的“城陵矶洞庭湖综合枢纽工程”前期准备工作正在紧锣密鼓地进行当中，目前湖南五菱电力投资公司已完成《城陵矶综合枢纽工程初步研究报告》和《城陵矶综合枢纽工程利弊分析》。该工程由大坝、水电站、船闸和专门建筑物（鱼道、冲沙、建筑）组成，可调整库容约 20 亿立方米，正常蓄水位为 25 m，电站装机 20 万千瓦。枢纽建成后，汛期打开全部闸门，泄洪排涝，保持洪道畅通。汛末下闸拦蓄尾洪发电，抬高水位，将使洞庭湖常年碧波荡漾，带动湖区旅游资源的开发，同时还可提高“一湖四水”航运能力，并能够有效消灭钉螺，促进湖区养殖、种植业的发展和生态环境的改善，使八百里洞庭再现蓬勃生机。

5.2.1.3 周北达先生和卢承志先生的可行性探讨

湖南省洞庭湖水利工程管理局的周北达先生和湖南省水利水电设计研究院的卢承志先生于2009年对城陵矶综合枢纽工程从工程技术、防洪、航运、生态、渔业等方面的可行性作了系统探讨。

（1）工程蓄水位

根据东洞庭湖及南洞庭湖地区的地面高程一般为26～30 m，其中君山、建新、钱粮湖等垸的地面高程一般为26～28 m，故枢纽工程正常蓄水位以不超过26 m为宜；考虑到要与长沙综合枢纽枯水期多年平均下游水位及下游最低通航水位衔接，工程正常蓄水位取25～26 m，死水位取23 m。

（2）工程综合效益

①提高工程综合效益对解决洞庭湖环湖区及四水尾闾地区缺水问题将产生良好效应。若洞庭湖水位（七里山水位，黄海高程）抬高至26.0 m，洞庭湖蓄水量44亿立方米，水面面积1 730 km^2左右，较常年枯季水位增加蓄水量30多亿立方米，水面面积可恢复到最大水面的2/3左右。因此将抬高环洞庭湖区及四水尾闾，如长沙、湘潭、益阳、岳阳等地的枯季水位，为湖区经济发展储备了赖以生存的水资源，同时水位抬高也减小了湖区提水灌溉和取水的扬程，降低了水资源利用的成本。洞庭湖区春季和秋季降雨量小，此时垸内农作物需水灌溉。尤其是洞庭湖北部三口河道冬春断流，澧县、南县、华容等地有10万公顷耕地、200万人，每逢春旱，灌溉、人畜饮水均成问题。枢纽工程建成以后，回水基本覆盖藕池河区域，对解决洞庭湖北部缺水问题有着十分重要的意义。

②有利于改善航运条件。洞庭湖区的航道如今基本处于天然状态，航运水深随湖水位的涨落变化幅度很大。以代表东洞庭湖水位特性的鹿角站水位为例，最高水位34.07 m，最低水位18.22 m，年最大水位变化幅度15.85 m，年最低水位均值19.07 m。一年中，4～9月为洞庭湖的汛期，湖区及四水尾间地区能满足通航水深要求；枯水期的10月至次年3月依靠城陵矶综合枢纽工程提供水源，控制水位为25.0～26.0 m，与多年平均最低水位相比，湖区增加航运水深6.0～7.0 m，通航条件大为改善，可通航时间也大为延长，对航运十分有利。四水尾闾尤其是湘、资水下游，因水位抬高，其航运条件也大大改善，城陵矶综合枢纽工程建成以后与长沙综合枢纽工程联合运行，可为湘江下游至城陵矶提供2000t级的稳定航道，益阳至芦林河航道条件得到较大改善，并为湖区开辟新的航道创造了条件。

③有利于发展洞庭湖渔业生产。枢纽工程建成后，洞庭湖蓄水量增加，水

面面积大大增加，形成了对渔业生产有利的生产条件。枢纽工程建成后，在冬春季节阻碍了长江与洞庭湖之间鱼的回游通道，但随着汛期来临，来水量增加，天然湖水位抬高，其不利的影响也随之消失。

④有利于发挥湿地生态环境优势，增加旅游资源。一方面枢纽工程建成后，洞庭湖将再现真正的大湖风貌，改善了旅游条件，配合沿湖的人文景观，对发展旅游业将起到极大的推动作用。另一方面湖面增宽，有利于鱼类生长，为洞庭湖冬季候鸟准备了食物条件，改善了湿地生态环境，也会对旅游业起到良好的促进作用。

⑤有利于水利灭螺。枯季水位抬高后，很多低位洲滩被淹没，钉螺失去生存条件。由于洞庭湖湖区的血吸虫疫区主要分布在洲滩，抬高枯水季水位对消灭血吸虫传播很有利。据统计，洞庭湖湖区现在钉螺面积 173 300 hm^2，大多分布在高程 23～28 m 的洲滩上，其中 25.0 m 以下洲滩面积近 153 300 hm^2，占洞庭湖湖区洲滩面积的近 90%。这一工程将使洞庭湖持续 25.0 m 水位以上时间多年平均值达 8 个月以上，足以使这个水位以下的洲滩钉螺失去生存条件，洞庭湖区防螺形势将得到根本好转。

⑥对调蓄长江枯水季水量有一定的作用。由于建坝（闸）后增加了洞庭湖的蓄水量，当遇长江干旱年份时，可以对长江中下游水量进行调节，缓解中下游的缺水情况。此外建坝（闸）抬高水位，蓄积水量，还可以发电。初步估算，装机容量 200 MW，多年平均发电量可达 4.8 亿 kW・h。

（3）工程影响分析

①对防洪的影响。如果在城陵矶附近建坝，大坝将占有较大的行洪面积，由于城陵矶河段本来较窄，又受长江洪水顶托，行洪不畅，修建大坝势必加剧这种局势，因而在此地区修建实体滚水坝是行不通的。比较可行的方案是建闸抬高水位，当湖水位达到正常蓄水位时，闸门全部开启，自由泄洪；低水位时关闭闸门抬高水位。但闸墩、闸基对防洪也有一定的影响。其影响程度多大，取决于闸的形式及运用方式，因此可以通过选择合理的方案来降低或消除其对防洪的影响。为了减小建闸工程对防洪的影响，还可以通过疏浚扩大行洪能力来补偿其对防洪的影响。由于该水域水流复杂，受多种因素影响，须进一步对有关方案进行物理模型试验及数学模型模拟分析。

②对洞庭湖水环境的影响。抬高湖水位后，水流速度减慢，水体自净能力降低，这会对洞庭湖水环境质量产生不利影响，另外还可能加剧洞庭湖水体富营养化。洞庭湖水体中氮、磷严重超标，其中磷的含量甚至高于已经严重富营养化的太湖。洞庭湖水体本来具有富营养化的必要条件，但由于洞庭湖是一个河道型湖泊，出入湖水量较大，因而洞庭湖的换水速度较快，抑制了藻类生

长，使得洞庭湖目前尚未出现大面积富营养化的外在特征，如藻类大量繁殖、水体变臭等。湖水位抬高后，湖泊蓄水量增大，湖泊换水周期变长，对藻类生长繁殖有利，可能加剧洞庭湖的富营养化特征。但由于采取低水位方案，增加的蓄水量有限，洞庭湖来水量较大，其影响程度是有限的。

③对排涝泵站，沿湖涵、闸等水工程的影响。工程建成以后，湖区低水位抬高，沿湖地区各水闸自排机会减少，提排时间延长，排水量有所增加。但由于湖区现有电排站的出口高程一般都在 25.0 m 以上，枢纽工程建成后，基本不增加排涝扬程，所以也不会增加电排装机容量。洞庭湖沿湖部分涵、闸底板高程低于黄海高程 25 m，建闸抬高水位后，这部分涵、闸须改建。

④对现有堤防的影响。城陵矶枢纽工程建成后，由于 11 月至次年 4 月洞庭湖区水位维持在 25.0～26.0 m，高于天然水位，会增加风浪对湖堤的淘刷作用，因此，湖区各堤防应在相应水位——25.0～26.0 m 以下部分采用块石或混凝土护坡加固，以提高堤防的抗洪防浪能力。

⑤对泥沙冲淤影响。据有关数据资料统计显示，洞庭湖多年平均进入洞庭湖区的泥沙为 16 069 万吨，而从城陵矶进入长江的泥沙为 4 289 万吨，年均约 1.2 亿吨泥沙淤积在洞庭湖。下荆江裁弯后淤积在洞庭湖的泥沙年均约为 1 亿吨。但三峡工程投入运营后，水沙形势发生较大变化。由于长江上游泥沙大量减少，三峡水库清水下泄，加之湖南“四水”入湖沙量也有所减少，淤积在洞庭湖的泥沙大大减少。目前的资料统计显示，淤积在洞庭湖的泥沙，由年均约 1 亿吨降为不足 1 000 千万吨。枢纽工程建成后，湖面宽广，流速减慢，理论上有利于泥沙淤积，但洞庭湖来沙年内分配很不均匀，汛期来沙量非常集中，枯水季来沙量占全年比重很小。枢纽工程主要是在枯水季提高湖水位，因而实际对泥沙淤积的影响很小。

（4）结论与建议

在洞庭湖出口城陵矶处建设综合枢纽工程，必须兼顾防洪与水资源利用、航运、渔业、生态、旅游等方面的综合效益，要权衡利弊、趋利避害。在防洪方面必须保证城陵矶出流能力及堤防安全不受影响，还要保证不因蓄水太高，洪水来临时因来不及泄洪造成人为洪水。同时若抬高水位过低，综合效益不明显，其方案实施的实际意义不大。根据洞庭湖的实际情况综合考虑，笔者认为正常蓄水位控制在黄海高程 25～26 m 是较适宜的。主要理由为：

①这一水位较大地增加了洞庭湖水面面积和湖容，特别是水面面积增加较多，可有效满足水资源利用、航运、渔业、生态、水利灭螺、旅游等方面的需求。

②这一水位对堤防安全影响较小。洞庭湖沿湖堤垸的地面高程一般为 26

～28 m，较高的水位将使外湖水位常年高于堤内地面高程，形成水位差，给堤防安全及垸内农田造成不利影响。

③减轻了汛期洪水压力。汛期较大洪水来临时，如果湖区已蓄积了较多洪水，将降低洞庭湖对洪水的调节作用；如调度不当，还可能引发人为洪水。洞庭湖目前警戒水位为黄海 31.3 m，若汛前保持 26 m，尚有 90 亿立方米左右的湖容，不会对防洪造成不利影响。

④工程技术难度相对较小，占有的行洪面积也较小，容易采取诸如疏浚等补救措施来弥补对防洪的不利影响。

⑤对水环境的影响相对较小。这一方案增加的水面较多，增加的蓄水量不是很多，因而对水环境的影响相对较小。在实际运行中为了更好地发挥枢纽工程效益，还可以根据雨、水情预报对水位进行动态控制，也可根据丰枯季节变化对水位进行分期控制。如汛期为了减小对防洪的不利影响，更好地发挥洞庭湖对洪水的调节作用，降低对堤防安全的影响，可将水位适当降低；到汛末（9 月下旬后）可将水位适当抬高，然后在枯水季根据用水需要将水位控制在 23～26 m。

综上所述，在洞庭湖出口城陵矶地区修建枢纽工程，对居民及工农业用水、航运、渔业、旅游、湿地生态、水利灭螺等均有较大的作用，能提高水资源的综合利用程度。对防洪、水环境及水工程等的不利影响，可以通过合理的方案设计及采取补救措施来弥补或消除。随着三峡水库的全面建成并正常发挥防洪作用，以及洞庭湖治理取得的积极成果，下游防洪能力有所加强；与此同时，水资源供需矛盾日益突出，社会经济的发展也给综合利用水资源提出了更高要求。因此，在当前情况下，笔者认为在洞庭湖出口城陵矶地区建闸是基本可行的，应予积极研究。由于该项工程投资巨大，牵涉面广，技术较复杂，应尽快加强工程方案的研究及其对防洪、水环境以及其他方面的不利影响的科学论证和实地调研，稳妥行事，使相关决策建立在科学分析的基础上。

5.2.1.4 白尊贤先生的提案

在 2010 年 1 月 24 日湖南政协十届三次会议上，湖南省政协委员、岳阳市政协主席白尊贤发言指出：“如果不迅速采取强有力的保护措施，洞庭湖湿地将因缺水而大面积消亡，甚至可能演变成长江‘罗布泊’。说洞庭湖存在缺水危机，绝非危言耸听。”因此他与政协委员李平提出了《兴建闸坝控枯畅洪的对策建议》的提案，亦即在城陵矶建枢纽工程，蓄水位为 25 m，并与湘江长沙蔡家洲枢纽工程对接。

5.2.1.5 黄兰香市长议案

全国人大代表、岳阳市市长黄兰香在 2010 年 3 月的全国人大、政协两会期间提出议案，建议加大对洞庭湖的综合治理，在洞庭湖与长江交汇处建枢纽工程，以保证洞庭湖正常所需生态用水。据 2010 年 3 月 9 日《潇湘晨报》报道，“这个议案黄市长年年都在搞调研，年年都要提”。

5.2.1.6 岳阳市洞庭湖综合治理领导小组办公室建议

岳阳市洞庭湖综合治理领导小组于 2010 年 9 月提交的《关于高度重视并加大对洞庭湖保护综合治理的汇报》中提出：“开展东洞庭湖出口（城陵矶）附近建设控制性工程的研究。在城陵矶兴建湖口控制工程，此议酝酿多年，一直没有可行性研究，无法进入决策程序。抓紧拦湖大坝坝址的勘测论证工作尤为迫切。建议成立专门班子启动规划设计，拿出具体方案尽快作出决策。”

5.2.1.7 湖南省洞庭湖水利工程管理局的初研

湖南省洞庭湖水利工程管理局于 2010 年 4 月 10 日向中国水利科学研究院来湘考察和调研的专家汇报时指出，2003 年以来，洞庭湖枯水位年年偏低，湖面缩小，湿地萎缩，湖区已出现一系列水资源、水生态问题，引起了我省各界的高度关注，兴建城陵矶出口水利枢纽工程成为我省解决湖区水资源问题的一个讨论热点。经初步研究，拟在城陵矶出口按控制枯水季水位 25.0 m 兴建水利枢纽工程。《长江流域综合规划简报（2009 年修订）》已将洞庭湖出口水利枢纽工程列入研究范围。

5.2.2 湖南省水利厅聂芳容的三个方案

早在 2004 年，聂芳容教授根据多年调度洪水经验及三峡水库启用后长江中游水文形势的变化，认为洪水不单有致灾的一面，还是一种重要的淡水资源，如果只注意泄洪排涝而忽视蓄洪储水，就不能适应新形势要求。为此他为缓解洞庭湖及其流域的季节性缺水问题，提出了三项“蓄洪补枯”方案，这些方案在他的专著中有较详细的论述。

5.2.2.1“四水”上游建库蓄汛末洪水水库

“四水”建水库的蓄洪补枯，须在“汛限水位动态控制机制”下进行。所谓“汛限水位动态控制机制”，是指汛期根据气象水文预报实时适度变动水库水位，当洪水来临前及时腾空防洪库容，空库待蓄，调洪削峰；当洪水末尾，及时关闸拦蓄洪尾水量，运用防洪库容蓄洪补枯，化洪水为资源。

5.2.2.2 东、南洞庭湖和西洞庭湖建低坝

洞庭湖约有 3 900 km^2 的天然湖泊和洪道湖泊，枯水季水位东、南洞庭湖 18～20 m，西洞庭湖 25～28 m。每到枯水季，天然湖泊的湖涵、洪道湖泊的河心有水，近 3 000 km^2 为裸露的湖洲，无水。如果在天然湖泊和洪道湖泊范围内建低坝，就可以适当提高蓄水位，在不改变自然环境条件、不阻碍垸区排

涝的前提下，汛末可拦蓄洪水 80 亿～100 亿立方米。

建低坝的蓄水区时，聂芳容教授以从事水利工作 40 多年的经验，提出应将洞庭湖分为东、西两部分，即上、下两个蓄水区的方案：

①下蓄水区（东、南洞庭湖）。东、南洞庭湖枯季最低水位 22～24 m，为保护湿地生态环境，建低坝控制的蓄水位不能超过 25.5 m。

②上蓄水区（西洞庭湖）。在南嘴（控制澧水尾闾）、小河嘴（控制沅水尾闾及目平湖）、三里桥（控制资水尾闾）、望城（控制湘水尾闾）建低坝，控制蓄水面积约 2 000 km^2，蓄水位 20～30 m。

天然和洪道湖泊储蓄汛末洪水 80 亿～100 亿立方米可产生巨大效益：

①非汛期洞庭湖水面从之前的 600 km^2增加到 2 000～3 000 km^2，保证了湿地生态的正常发展。

②储蓄的洪水使洞庭湖湖区淡水资源增加了 1 倍，对季节性缺水的补水及航运将产生重大效益。

③建坝可发电，年发电量 50 亿立方米 kW·h，相当于柘溪、五强溪年发电量之和。

④丰富的淡水资源可促进洞庭湖湖区 1000 万亩耕地的粮食生产和 800 万亩水域养殖业的发展。

5.2.2.3 深挖湖

深挖湖区布置在洞庭湖东、南、西天然湖泊中心和湘、资、沅、澧尾闾，以及松滋河、虎渡河、藕池河入湖河道地带。主要将现有的行洪道和蓄水湖场挖深，建立 10 个大型深水区：洞庭湖出口、东洞庭湖采桑湖、东洞庭湖漉湖、南洞庭湖横岭湖、南洞庭湖易子湖、南洞庭湖东南湖、湘水尾闾芦株潭、资水尾闾杨柳潭、西洞庭目平湖大连障、西洞庭湖七里湖，每个深水区长 5～10 km，宽 2～4 km，总面积约 600 km^2；此外在“四水”尾闾洪道和“三口”河道中疏挖几十个小型深水区，每个长 1～5 km，宽 0.2～0.5 km。深水区用大型挖泥船疏挖，挖深 5～8 m。大小深水区可增加蓄水容量 30 亿～50 亿立方米。

5.2.3 岳阳市洞庭湖综合办的意见

岳阳市洞庭湖综合办认为，为加大洞庭湖综合治理力度，要成立专门机构或指定专门机构和人员承担相应的职能，要加强对重大项目和前瞻性项目的多学科联合科技攻关力度。其中就有在“西洞庭湖出口的小河嘴、南嘴，南洞庭湖出口磊石建设控制性工程的研究”。

5.2.4 湖南省洞庭湖水利工程管理局的兴建平原水库的意见

湖南省洞庭湖水利工程管理局于2010年10月14日向中国水利水电科学研究院来湘考察和调研的专家汇报时提出，要实施四口河系整治工程。总的思路是理顺河系，控支强干，兴建平原水库，缓解水资源供需矛盾。如在藕池河水系洪道治理规划方案中，要在藕池西支、中支和东支鲶鱼须河等三条河中，强化藕池东支主干，并结合洪道治理规划方案，在控制的河流上、下游建闸，兴建平原水库。这个方案与长江委在《长江流域综合规划简要报告（2009年修订）》中所提出的思路基本一致。

5.2.5 洞庭湖区有关县市的意见

在2010年9～10月向洞庭湖社会区域经济发展研究会汇报的调研材料中有关县市提出以下建议：

①益阳市水利局建议在藕池中支、藕池口建闸。

②南县人民政府建议在藕池中支、西支的上、下游建控制性工程。

③南县人民政府建议在陈家河两端筑坝建平原水库。

④安乡县水利局建议在藕池河上、下游建闸，在松滋河疏挖建平原水库。

5.3 三峡水库提前蓄水

三峡水库启用前论证蓄水时间始于10月1日，到11月底达到175 m水位，对此有学者就推后或提前蓄水进行了比较研究。

（1）李义天意见

2002年，李义天等认为提前到10月1日以后蓄水，对防洪、走沙并无大碍，是可以提前蓄水的。同年李义天在另一篇论文中进行比对后得出结论："在三峡水库原设计调度方案的基础上，适当提前汛后蓄水的时间不影响防洪，对下游通航也是有利的，重庆河段泥沙淤积对通航的影响可通过疏浚、整治工作等措施得到补偿，其所需花费占因提前蓄水所增加发电效益的百分数很小。因此，三峡水库汛后提前蓄水是可行的，从航运的整体效益考虑，为保证最小下泄流量，也是十分必要的，提前蓄水的效益十分可观。"

（2）刘心愿意见

2009年，刘心愿等认为，将蓄水开始时间确定提前到9月11日，"综合考虑水库上、下游的防洪、发电、航运等要求，通过对汛末防洪库容进行科学划分和对蓄水控制线进行优化，根据入库流量大小进行分级防洪调度，实现了水库防洪和兴利蓄水之间的平稳过渡，既保证了防洪安全，又兼顾到水库综合利用效益的最大化”。

（3）聂芳容意见

聂芳容教授认为：“为了使三峡水库蓄水不占用长江中下游 10～11 月份生态水资源，为了充分利用三峡水库为冬枯补水，为了充分开发长江淡水资源，三峡水库关闸蓄水时间必须提前至 8 月中旬和 9 月上旬为宜。”

（4）郑守仁意见

郑守仁院士认为：“与三峡工程初步设计时的情况相比，长江上游 10 月份的来水量已减少很多。因此三峡水库可考虑提前至 9 月 10 日启动蓄水，并在 9 月底将库水位抬高至 160～162 m。”

本章小结

有 32 个部门和个人提出解决洞庭湖季节性缺水的方案和意见，有 12 种之多，可以归纳为三大类，即引江济湖、蓄洪补枯、三峡水库提前蓄水。

引江济湖包括调关闸引水、塔市驿引水、洋溪引水、松滋口建闸引水、津石运河引水；蓄洪补枯包括城陵矶枢纽工程蓄水，“四水”上游建水库，东、南、西洞庭湖建低坝枢纽工程，深挖湖，小河嘴、南嘴、磊石控制性工程，陈家河两端建平原水库，藕池中支、西支上、下游建闸成平原水库，建松滋河平原水库。三峡水库提前蓄水由李义天、刘心愿、聂芳容和郑守仁等提出。

06

解决洞庭湖
季节性缺水方案评述和比较

据不完全统计，截至2011年10月，有32个部门和学者提出了解决洞庭湖季节性缺水方案，将其归纳，可分为三类12种，每一种都是提出者花费心血收集资料和进行调研的结果，都有一定道理。因为解决季节性缺水问题涉及多学科领域，所提种种方案都只是提出者从自身领域和所占有的资料出发，故有其片面性，也就有值得商榷研究的地方。如果要想得出一个可供现实操作，作为政府解决洞庭湖季节性缺水问题的决策依据，那么就要对各方案进行评述、比较，这首先就要有一个评述、比较的原则。在评述、比较时必须考虑一百多年前恩格斯所说的——“到目前为止，存在过的一切生产方式，都只在于取得劳动的最直接的有益效果，那些只在以后才显现出来的，由于逐渐重复和积累才发生作用的进一步结果是完全被忽视的”。如果说对于洞庭湖曾经的“北口尽堵，四口南流”、“围湖造田”、“荆江裁弯取直”等，“由于逐渐重复和积累才发生作用的进一步结果是完全被忽视的”话，那么解决洞庭湖季节性缺水问题就不能有“北口尽堵，四口南流”、“围湖造田”、“荆江裁弯取直”等进一步结果的重蹈覆辙。为此提出以下八个原则：

①引水口不能因洪水期发生溃决而成为洪灾的隐患；

②引水口不能因荆江河床的冲刷或淤积而不稳定；

③解决引水工程的工程地质问题在现有的经济技术条件下是可行的；

④引水工程不能使湿地生态格局有大的改变；

⑤基本农田面积尽量少占，尽量不扰民、不移民；

⑥有利于航运；

⑦能满足洞庭湖湿地最小生态需水；

⑧引水工程投资要少，建设周期不能太长。

因为在解决季节性缺水的三大类方案中，对洞庭湖区来说只涉及引江济湖和蓄洪补枯两类，故其比较只限于这两类。

6.1 不能成为洪灾隐患

6.1.1 引江济湖

跨十个年头的三峡工程运行，对洞庭湖区防洪有大利；但是对防洪也绝非一劳永逸，超过 100 年甚至 1000 年一遇的洪水对湖区仍是威胁，不少水利学者都有充分论证，故防洪仍然不能放松。百多年的历史证实，荆江洪水使洞庭湖区成灾，皆通过“四口”，1958 年后为“三口”的洪水泛滥。要引江济湖，引水口如果要利用“四口”（松滋口、太平口、藕池口和调弦口），就必须将现在的各口门、各分流多年淤积的阻水泥沙清除，才能使荆江水畅通入湖；新开引水口和开凿运河也是如此。引江入湖的问题对旱季引水通畅，对汛期洪水也是通畅的，这是其一；再就是历史上的洪灾事实证明，溃口都发生在由第四纪全新世松散泥沙构成的荆江土岸处，因为土岸易被洪水冲毁。如松滋口就是 1870 年松滋堤防溃决而被洪水冲成松滋河；藕池口则是 1852 年藕池口溃决被洪水冲成藕池河，这次洪水成为史载千年一遇特大洪灾。虽然引江济湖可以建闸控制，但是长江特大洪水将建立在松散泥沙层上的闸门及其近旁堤防冲毁也不是不可能的。如果真发生这种事，那就会使解决季节性缺水期的“引江济湖”成为汛期的“引狼入室”而爆发洪灾。从这一点出发，引水口的选址就很重要。笔者据此对各个方案评述比较如下：

①洋溪引水，引水口及新开运河是砂页岩，没有洪灾隐患。

②塔市驿引水，引水口及新开运河是花岗岩，没有洪灾隐患。

③松滋口建闸引水，闸门建在岩岸与土岸交界处，历史上有过松滋溃口造成洞庭湖特大洪灾的前车之鉴，故有洪灾隐患。

④调弦口引水，该处为土岸，1958 年建闸是在垮过一次后再获成功，如利用现闸口及华容河疏浚引水或建泵站引水，应没有洪灾隐患。但荆江调关河段本身就是长江中游发生洪灾险情地段，现在的引水不能不考虑这个因素。

⑤津石运河和常德大运河至荆江入口处在石首段虽是岩岸，运河建成后，如不建闸控制，就会在汛期使洪水畅通，运河两岸堤防被冲毁，就会使洞庭湖区发生洪灾，故其洪灾隐患最严重。

6.1.2 蓄洪补枯

蓄洪补枯时建“平原水库”或“变湖为库”都必须筑坝建闸，坝、闸在汛期就将阻挡洪水而成为洪灾隐患。隐患的大小取决于闸坝的规模。据此城陵矶枢纽工程最大，其次是磊石、南嘴、小河嘴等低坝拦水，再其次是松滋河、藕池河的上下河段筑坝拦水。

6.2 引水口的稳定性

引水工程必须考虑使用的长期性，引水工程在技术上的一个关键点是引水口的底板高程必须低于荆江枯水期最低水位，这样才能使江水自流入湖。荆江枯水期水位的稳定性与荆江河床的淤积、冲刷有关。据三峡水库运行后荆江河道特性变化研究显示，以藕池口为界的上、下荆江段（图 6-1），三峡水库运行前后其冲淤变化是不同的（表 6-1）。

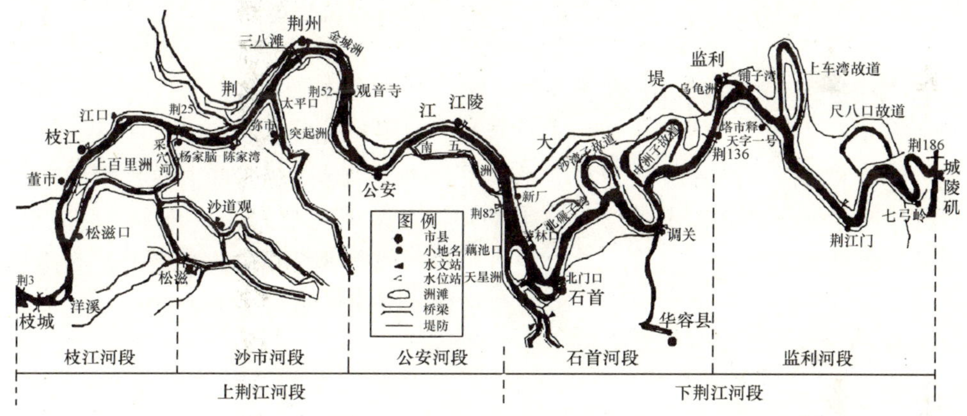

图 6-1　荆江河段示意图

表 6-1　荆江近期河道冲淤变化表

河段（起止断面）		长度（km）	时段	枯水河槽（Q=5 640 m³/s）		平滩河槽（Q=5 640 m³/s）		深泓线变化（m）
				冲淤量（10^8 m³）	冲淤厚（m）	冲淤量（10^8 m³）	冲淤厚（m）	
上荆江段	枝江河段	55.9	1998—2002	−0.18	−0.30	−0.26	−0.32	0.02
			2003—2005	−0.17	−0.30	−0.02	−0.03	−1.16
	沙市河段	49.71	1998—2002	−0.19	−0.34	−0.25	−0.31	−0.76
			2003—2005	−0.38	−0.69	−0.52	−0.64	−1.51
	公安河段	53.13	1998—2002	−0.29	−0.54	−0.5	−0.62	−0.45
			2003—2005	−0.43	−0.79	−0.44	−0.54	−1.4
下荆江段	石首河段	81.16	1998—2002	0.09	0.12	0.15	0.10	−0.20
			2003—2005	−0.75	−1.02	−0.59	−0.42	−1.49
	监利河段	89.52	1998—2002	0.27	0.32	0.06	0.05	0.66
			2003—2005	−0.38	−0.46	1.00	−0.64	−2.32

总体来看，三峡水库运行前的1998—2002年上荆江表现为冲刷，下荆江以淤积为主；三峡水库运行后的2003—2005年上、下荆江河槽均表现为冲深下切，幅度明显加大，且下荆江大于上荆江，上荆江又是下段大于上段，故上荆江河段之枝江河段冲深下切是荆江河段最小的，其中平滩河槽基本不变。洋溪引水口在枝江河段的顶端，2003—2005年四年时间冲深仅3 cm，故是最稳定的河段，而其他河段的引水口都有较大程度的冲深，如监利河段三年冲深64 cm，很不稳定。就此而言，解决洞庭湖季节性缺水方案中以洋溪引水为最优，其次是松滋口建闸引水。虽然监利河段冲深最大，河底深度在不断变化，但这只是对泥沙河底而言，如果河底是基岩，则冲刷对其不起作用或作用很小。而这一段的塔市驿河段是花岗岩，只是将河底的泥沙冲走成为深水码头，其花岗岩河底是稳定的，因此此处之塔市驿建引水口也是稳定的。

6.3 工程地质条件的经济可行性

解决洞庭湖季节性缺水方案中，建议应建闸、建坝和开凿运河，实施该方案时涉及在现有经济技术条件下解决工程地质难度的可行性问题。一般说来，建闸、建坝如果要承受水力的巨大冲击，其工程基础必须是在基岩上；开凿运河的引水口为避免被洪水冲毁，也以在基岩上开凿为最好。笔者据此对解决洞庭湖季节性缺水的各个方案进行了分析比较：

6.3.1 引江济湖

有关专家现提出的引水方案中有四处引水口，即调弦口、松滋口、洋溪口和塔市驿口。

①调弦口已建调关闸，只要疏浚闸前华容河上游约12 km河段和闸后口门已淤积的约500 m的泥沙，在目前状况下，一年内大部分时间都可有水通过华容河入东洞庭湖。如果在极端干旱时要有水入东洞庭湖，则有两种措施，一是建泵站提水，再就是降低调关闸底板高程。

实施疏浚泥沙和建泵站，都不会存在处理工程地质方面的难题，但要降低闸底板高程，则有妥善处理工程地质问题的必要。好在对这个问题的处理有两个有利条件：一个是1958年建调弦闸时起初有过一次闸口垮塌事件，后重建成功，经过如1998年等特大洪水考验而留至今日安然无恙，故有建闸不垮塌的先例；另一个是长江水利委员会卢金友等研究认为，调关闸在“三峡水库蓄水运用后，调关河段将发生冲刷，岸坡可能变陡，滩槽高差加大，防洪形势更为严峻。因此对调弦闸进行改造及调关弯道进行治理，恢复调弦口分流功能，解决华容河两岸地区的用水和水环境问题，调整改善调关弯道河势，与改变防洪的严峻形势都已十分迫切”。故在调关闸改造和调关弯道治理的同时，其工程地质问题可得到解决。

由此看来，疏浚泥沙和改造调关闸对改变严峻的防洪形势与引水入东洞庭湖解决季节性缺水是一致的，实施这些措施不会受工程地质条件的影响。

②松滋口建闸。松滋口西岸为白垩—第三纪紫红色砂页岩（附录图 73、附录图 74），东岸为百里洲砂卵石滩，闸坝西段坐落在基岩上，东段在清除砂卵石层后也可坐落在基岩上。根据西岩出露岩层向东北方向倾斜，倾角 40°左右，故闸坝东段清除砂、卵石层（不会太厚）就可见到基岩。因此，以工程地质条件而言，松滋口建闸难度不大，是可行的。

③洋溪（口）引水。该处荆江南岸是由下第三系“洋溪组”砂页岩和下古生代寒武—奥陶系灰岩、砂页岩构成的低山丘陵，向东南至松滋县城新江口，主要为下第三系砂页岩，第四系中更新统网纹红土。按原地质矿产部编制的《长江流域岩（土）体工程地质类型图》，下第三系砂岩和砂页岩（附录图 75）其干抗压强度为 500～1 500 kg/cm^2，软化系数为 0.78～0.95，为坚硬—较坚硬工程地质体类型，是较好的建筑基础；而第四系中更新统网纹红土（附录图 76）则承载能力强，可为主要的持力层。因此荆江南岸开挖洋溪口及至新江口修建运河具有较优良的工程地质条件。

洋溪引水的配套工程是疏浚松滋市新江口以下松滋河，在适宜处还要堵支并流，以及与虎渡河、藕池河沟通，必要时引水入虎渡河和藕池河。这些工程实施起来的工程地质问题应易解决。

④塔市驿引水。荆江塔市驿河段南岸或南东岸到洪山头华洪运河为小墨山花岗岩体，无论在塔市驿荆江岸开凿引水口，还是到洪山头华洪运河挖隧道，或明挖以及通过湖、沉塌湖、大荆湖和小荆湖，工程地质条件都是好的。特别是在塔市驿花岗岩开凿引水口和在小墨山开凿隧道，这两处是所有引江济湖方案中工程地质条件最好的。

⑤津石运河和常德运河。这两条运河都在第四纪全新世泥沙淤积层中穿过，与已有的南北向荆江入湖分流正交或斜交，受水流冲击强度大，而且还要穿过这些分流；同时运河两岸必须建防洪大堤。因此这两条运河不同于一般运河，对其建设有更严格的要求。在泥沙淤积层开挖运河，处理工程地质问题有一定难度，但按现在的经济技术条件来看不难克服。

6. 3. 2 蓄洪补枯

6. 3. 2. 1 城陵矶枢纽工程

城陵矶枢纽工程是一项巨大的水利工程，对长江中游及洞庭湖水系的影响不亚于荆江“北口尽堵，四口南流”、“下荆江裁弯取直”和三峡水库建设等工程的启用。其他问题姑且不论，仅就它要在每年有超过 3 000 亿立方米的入湖水量的出口建闸，闸坝强度要求的工程地质条件就是一个非常值得重视的问题。

图 6-2 显示了枢纽工程及其外围的地质环境：东为第四纪仍在活动南北向的洪湖—岳阳—湘阴断裂，西为第四纪也在活动的近南北向的监利断裂，两断裂之间即广兴洲凹陷，也称广兴洲地堑，即现在仍在沉降的东洞庭湖盆地。

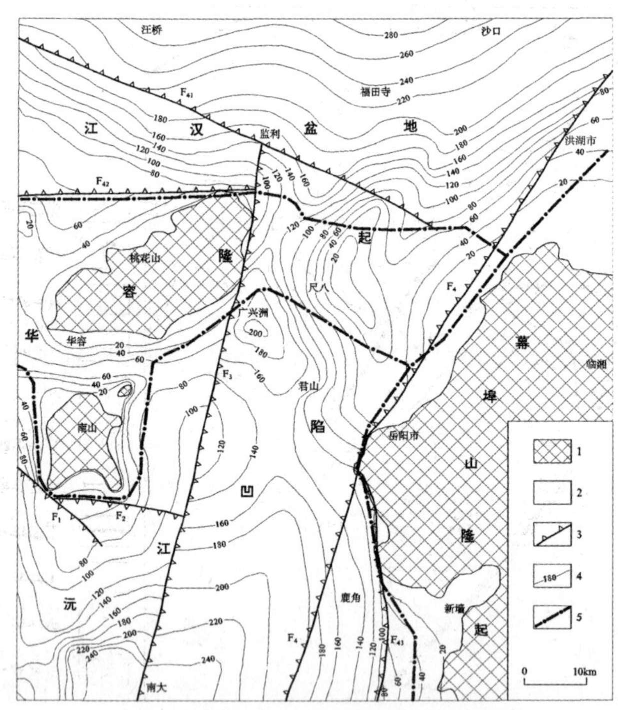

图 6-2　城陵矶枢纽工程区域地质环境图

1. 前第四纪基岩分布区；2. 第四纪分布区；3. 第四纪正断裂，齿向示下降盘；4. 构造单元分界；5. 构造单元代号名称：U_1—武陵隆起；U_2—雪峰隆起；U_3—幕阜山隆起；U_4—澧县凹陷；U_5—临澧凹陷；U_6—太阳山隆起；U_7—安乡凹陷；U_8—赤山隆起；U_9—广兴洲-沅江凹陷；U_{10}—华容隆起。

（1）活动断裂带的影响

洪湖—岳阳—湘阴断裂在湖南段又称湘江断裂，是一条很重要的区域性断裂，它的现代活动除在历史上有地震发生记录外，还有古代建筑物的破坏痕迹显示。

据《中国地震烈度区划工作报告》记载，在麻城—岳阳—宁乡构造地震带湖南境内有临湘、岳阳、湘阴、宁乡地震群（图 6-3），它们大都沿湘江断带分布。该带有文字记载的最大地震，原湖南省地震办公室（现湖南省地震局）于 1973 年公布的《湖南省分县地震目录》记述为：“1556 年岳阳地震，震级 5.6 级，裂度 7 度，城中房屋震塌，压死人畜甚多。”最近发生的一次地震是 1974 年 3 月在湘江断裂之湖北嘉鱼的 3.8 级地震。

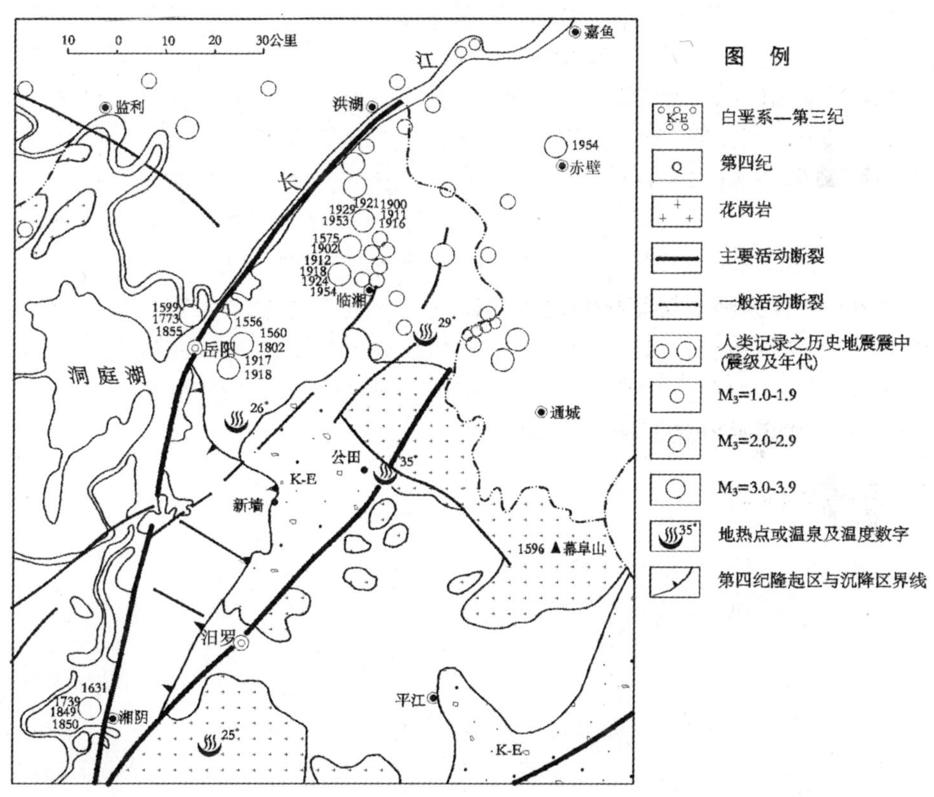

图 6-3 岳阳市及邻区地震震中与活动断裂图（据湖南地震局王春林资料改编）

古建筑物破坏痕迹反映断裂带的活动情况，可以位于湘江断裂带内或近旁的岳阳楼和慈氏塔为例：

岳阳楼“自宋以来，或修或毁，不知几易。其毁也，或横波巨浪冲击其下，或楼基坼裂，大有倾倒之势”（光绪六年重修岳阳楼碑文）。有关资料记载，明末至清代对岳阳楼修缮就有十多次，最重要的一次是光绪六年（1880

年）在“原基之后，加筑六丈有奇，建正楼其上”（《光绪六年重修岳阳楼碑文》）。由此可见岳阳楼的损毁一是“横波巨浪冲击其下”，再是“楼基坼裂”。横波巨浪冲击其下在 1880 年“原基之后，加筑六丈有奇”，即从现杜甫亭处后移 18 米多的现岳阳楼，而原址即杜甫亭在 1998 年被洪水淹没确是“横波巨浪冲击其下”。现岳阳楼虽不再有“横波巨浪”冲击，但“坼裂”依然发生，致使其在 1982 年不得不再次重修。重修时相关专家利用现代建筑材料和科学技术在楼基地下捣制了 36 道纵横交织的钢筋混凝土地，按设计要求，不应再有坼裂发生，但之后楼基坼裂仍然发生。1987 年湖南省地质研究所构造地质教授刘钟伟对岳阳楼第 1、第 2、第 5 平台护坡及岳阳门的坼裂系统进行观测研究发现，其走向与湘江断裂走向一致，为北东向，坼裂呈追踪之字形，除沿花岗岩条石嵌接处裂开外，还直接将其拉断，断距 1～2 cm，最宽可达 10 cm（《岳阳市城区工程地质图系说明书》，1987）。时隔 13 年的 2009 年童潜明和刘钟伟再次前往调查，除发现原被水泥封闭的坼裂重裂外，又发现花岗岩条石被拉断的新坼裂多处（附录图 77），其中有长达 2 m 有余者，并与 1987 年观测到的坼裂系统一致。

慈氏塔为八角七级阁式砖塔，塔体通高 39 m，始建于唐代。刘钟伟教授于 1987 年观测到，其塔身已发生旋转变形破坏，第三层与第四层之间有明显的顺时针旋转，表现为塔角不在一条直线上（附录图 78）；同时塔座基石层与层之角也有位移现象。刘钟伟认为其变形破坏与湘江断裂的活动有关，与岳阳楼的坼裂发生为同样原因。

（2）广兴洲地堑即东洞庭盆地的现代沉降

广兴洲地堑即东洞庭盆地的沉降可以以长江水利委员会于 1925—1953 年三次重复水准测量提供的“岳阳下沉 240 mm、湘阴下沉 250 mm”相关数据说明之。

东洞庭盆地是洞庭盆地全新世（1 万年以来）的四个沉降中心中沉降最深的中心（图 6-4），四个沉降中心分别是东洞庭中心（Ⅰ）、安乡-汉寿中心（Ⅱ）、澧县-津市中心（Ⅲ）和益阳中心（Ⅳ）。其中以东洞庭中心沉降最深，一万年以来的泥沙淤积层厚度超过 50 m，其下之更新世（距今 260 万～1 万年）松散泥沙沉积层厚度有 100 多米。拦湖大坝要建立在最厚可达 150 m 以上的松散层之上，在洞庭湖湖口有很大水流的条件下清基就是一项难度很大的工程。同时，拦湖大坝坐落在东部上升、西部沉降的交界部位，这个部位并不稳定，而是处于正在活动的松散沉积物且厚薄不均的地质剖面上（图 6-5）。在这样的位置要建一座能抵挡“四水”和“三口”水量的大坝，要处理这些工程地质问题不是不可以，但在现有的经济技术条件下谈何容易！

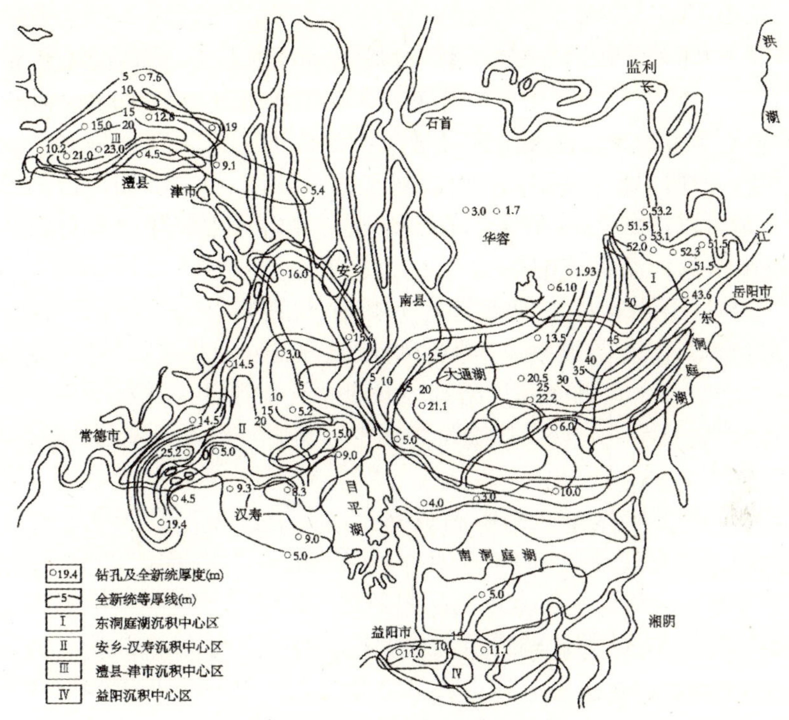

图 6-4　洞庭盆地第四纪全新世沉降中心分布图

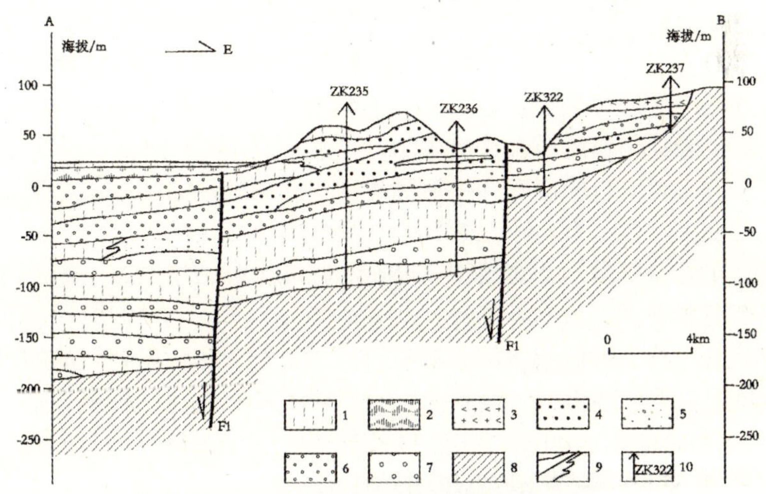

图 6-5　城陵矶枢纽工程附近地质剖面图

1. 黏土；2. 淤泥；3. 网纹红土；4. 沙层；5. 含砾沙层；6. 沙砾层；7. 砾石层；8. 基座；9. 地层单位界线；10. 钻孔位置及编号。F_1：洪湖—湘阴断裂；F_2：荣家湾断裂。

（3）与鄱阳湖口枢纽工程的比较

谈及洞庭湖湖口城陵矶枢纽工程，自然会联想到早就提出的鄱阳湖湖口枢纽工程。两个枢纽工程的目的是一样的，都是蓄洪补枯，但是付诸现实的工程地质条件则有很大差异，主要表现在三个方面：

A. 拦湖大坝选址。鄱阳湖湖口枢纽工程从长江与鄱阳湖相连的水道有长达 30 余千米可以选址，而洞庭湖城陵矶枢纽工程选址的范围相对狭窄。

B. 鄱阳湖入长江水道两岸为基岩，主要由元古界震旦系变质岩系组成，两岸距离最窄处不到 2 km，初步选定的都昌县屏峰山与星子县长岭之间，拦湖大坝仅长 1 200 m。洞庭湖湖口城陵矶东岸为基岩，是元古界冷家溪群变质岩系，其西约 35 km 处才有花岗岩和白垩纪砂页岩基岩（附录图 79），加之此处正处在活动断裂带中，以及尚在沉降之中，其工程地质条件远较鄱阳湖湖口枢纽工程复杂。

C. 拦湖大坝的挡水量。鄱阳湖只有省内五大江河水量入湖，每年 1 500 万立方米左右；洞庭湖除省内“四水”，还有长江“四口”，每年入湖水量达 3 018亿立方米。故其大坝强度远比鄱阳湖湖口枢纽工程拦湖大坝大。

根据以上三个方面的比较得出，从工程地质特点而言，在现有的经济技术条件下，鄱阳湖湖口建枢纽工程也许是可行的，而建洞庭湖城陵矶枢纽工程并非不可行，但其难度要大得多。

6.3.2.2 其他蓄洪补枯工程

其他蓄洪补枯工程的拦水坝建议只涉及洞庭湖局部，其工程地质条件分三种情况：

①某一段河流进行疏浚，在其上、下筑坝建平原水库，因规模小，选坝余地大，一般不会受工程地质条件的限制。

②在西洞庭湖出口的南嘴和小河嘴建坝，此两处出露第四纪中更新世白沙井组网纹红土层，其下系白垩纪紫红色岩系。网纹红土层厚度大，已有的工程建筑都将其作为持力层，加之建坝高度小，因此工程地质问题不难处理。

③在东南洞庭湖出口磊石建坝，此处东侧为岩岸，之西为泥沙淤积层，且又为湘江航道，其工程地质条件与城陵矶枢纽工程有相似之处，故解决工程地质问题难度大。但坝体低矮，规模小，自然较城陵矶枢纽工程容易。

6.4 对湿地生态类型格局的影响

影响湿地的生态类型格局的主导因素是水，或者说是水淹洲滩的天数，主要表现为各生态类型或湿地植物群落的分布和湖泊的换水周期。

洞庭湖区植物群落分布，据袁正科的研究为：

高位洲滩（连续淹水＜10 天）{木本落叶、阔叶群落；川三蕊柳群落

中、高位洲滩（连续淹水 10～45 天）　荻、芦草滩

低位洲滩（连续淹水＞45 天）{苔草草滩；短尖苔草草滩；白泥滩

常水线以下{浮水植物群落；沉水植物群落

湖泊换水周期，系指全部湖水交换更新一次所需时间的长短，是判断湖泊水体交换的快慢、水体污染物传输速度以及自净能力的一项重要指标，一般是以多年平均水位下的湖泊容积除以多年平均入湖或出湖流量求得，即：

$$T=KW/Q$$

K 为系数（1/86 400）；

T 为湖泊换水周期；

W 为多年平均水位下的湖泊容积；

Q 为多年平均入湖或出湖流量。

按照上述两个概念，要想解决洞庭湖区季节性缺水方案对湿地生态格局的影响优劣，其中有很大差异。

6.4.1 引江济湖方案

①因为从荆江引水入湖的流量是有限的，不足以改变洲滩的淹水天数，故对已存在的湿地植物群落分布格局没有大的影响，只是有可能使少部分干涸的低位洲滩和白泥滩有水，这将使有鱼虾及底栖生物等在内的低位浅滩和草滩获得生机，显然对于洞庭湖区候鸟栖息繁衍的生态环境是有利的。

②换水周期的长短与入湖流量密切相关。按计算公式，系数 K 和湖泊容积 W 是常数；入湖流量 Q 是变数，大则换水周期短，小则换水周期长。从荆江引水入湖，增大了流量，换水周期缩短；同时水是流动的，是活水，故其自净能力强，能发挥“地球之肾”的功能，无疑会减轻洞庭湖的污染，对生态是有利的。

6.4.2 蓄洪补枯方案

①蓄洪补枯的关键就是：要修建不同高度拦水大坝，势必提高洞庭湖不同

部位的水位，从而改变湿地生态格局。因为提高水位的范围有大有小，例如城陵矶枢纽工程的拦湖大坝正常蓄水位 26 m，比枯水期城陵矶水位（21～22 m）提高 4～5 m，使洞庭湖水面面积恢复到 1 730 km^2 左右，为最大水面面积的 2/3，这样的结果必然对洞庭湖 2/3 范围生态格局产生不利影响。

洞庭湖出露的洲滩面积和水位密切相关（表 6-2），按表列数据，城陵矶水位的增减对洲滩出露面积影响极大，其中尤以东洞庭湖为剧。如城陵矶 1976 年、1994 年和 1996 年三年枯水期平均水位为 21.04 m 时，洲滩面积东洞庭湖同期平均有 1 034.5 km^2，全湖同期有 1874.5 km^2；可是 1978 年、1994 年和 1995 年当洪水期水位上升到 29.3 m 时，东洞庭湖同期平均只有 254 km^2，全湖同期平均也只有 519.6 km^2。如果建城陵矶枢纽工程使城陵矶的水位提高 4～5 m，那么洞庭湖区，尤其是东洞庭湖区洲滩面积减少是很显著的。因为它的几块庞大的低位洲滩地势十分平缓，其中苔草草甸滩向白泥滩过渡地势更加平缓，只要水位稍有提高，洲滩就会大面积没于水下。

表 6-2　洞庭湖、东洞庭湖的水位和洲滩面积

日期		城陵矶水位（m）	洲滩面积（km^2）	
			东洞庭湖	洞庭湖
枯水期	1976 年 12 月 2 日	21.84	1086.0	1876.5
	1994 年 11 月 7 日	21.46	/	1831.2
	1996 年 11 月 7 日	19.83	983	1916.0
洪水期	1978 年 6 月 4 日	28.91	330	603.7
	1994 年 7 月 2 日	29.28	/	472.1
	1995 年 8 月 31 日	29.71	179	483.0

袁正科的研究认为：“低位洲滩广泛发育着以苔草为主要群落的湿生植物，发育着以马来眼子菜、苦草、菹草、苔草、荇草、藻类为主的水生植物和各类软体动物，为越冬珍稀候鸟提供了充足的食物，是一个适合珍稀鸟类繁衍生存的湿地生态环境。”如果洞庭湖区在枯水季节因为城陵矶枢纽工程的抬高水位使低位洲滩没入水下成为一片水域，就会丧失“鸟类天堂”的生态环境，沦为一个类似于三峡水库那样的庞大水体。众所周知，三峡水库或世界上没有洲滩的任何大型水库都没有为人类的朋友鸟类提供生存环境。如果拦湖大坝使洞庭湖，特别是东洞庭湖丧失这样一个全湖 80％以上鸟类栖息及生存的环境，应为现代人所不为也。

修其他小型拦水大坝形成的所谓平原水库，可以使局部生态环境得到改善。例如南洞庭湖退田还湖的青山垸，通过筑坝建闸变为一年四季都有水的青山湖，从而恢复了原有的湿地生态环境，使其湿地生态及农渔林业都能良好地可持续发展，青山湖已成为世界自然基金会在洞庭湖试点中为之骄傲的典范。又如东洞庭湖自然保护区修缮大小西湖、丁家堤湖、红旗湖、君山后湖、春风湖等的控水闸，保障了 4 000 hm^2 湿地，为东洞庭湖候鸟留下了良好的生态环境，等等。

②蓄洪补枯是在洞庭湖的水上做文章：一为没有新的水量的增加；二为拦住水，使其不出湖，实际上是使水流速度缓慢甚至成为静水。但这两点都会使洞庭湖的换水周期延长，从而降低水的自净能力，入湖的污染物滞落在水体和底泥中，在可见的时限内水的富营养化加重。本来洞庭湖是过水湖泊，换水周期较长江中下游流域其他湖泊都短，富营养化较弱，但是由于各级拦水坝的修建，在其影响范围内也将如太湖那样，因水的富营养化造成生态灾害。

③实践是检验真理的唯一标准。城陵矶枢纽工程建设的“平原水库”对湿地生态的影响现在无从检验，但是 2008 年的“秋汛”发人深省。2008 年 11 月上旬西太平洋副热带高压较强，源源不断地把海洋上的潮湿空气输送到长江流域一带，再加上正好与长江以南地区的北方冷空气交汇，就产生了大量降雨。长江中上游发生了历史同期最大的秋季洪水，洞庭湖流域亦有较大降雨，降水量大大超过历史同期，使城陵矶水位升高近 5 m，达历史最高。这个升高的水位与城陵矶建闸升高水位大体相当。如此一来淹没了东洞庭湖所有的洲滩，候鸟们没有了觅食栖息地，被迫飞向洞庭湖周边的农田与内湖，给周边农村的冬季农作物带来影响，给东洞庭湖保护区的工作带来巨大压力（附录图 80～图 85）。

6.5 少占基本农田，尽量不移民

（1）引江济湖

利用现有调弦口调关闸引水不占用农田，松滋口建闸引水的闸坝将占用少量农地，塔市驿和洋溪引水须开凿运河，将占用农地并有可能个别移民，津石运河和常德大运河将大量占用农田并会有相当数量移民。

（2）蓄洪补枯

不会占用农田，也不需移民。

6.6 对航运的影响

（1）引江济湖

引水总体对航运有利，有利程度与引水口位置有关。

①调弦口引水，如果能够保证以 30 m^3/s（流量）通过华容河入东洞庭湖，那么自 1958 年以来一直停航的华容河就能恢复通航。

②洋溪引水，挖洋溪口建洋溪—新江口运河，再从新江口至南洞庭湖采取堵支并流和疏浚松滋河道中阻水障碍，如果按湖南省洞庭湖工程管理局的松滋口建闸方案引水 500～1 000 m^3/s，或如聂芳容的松滋口建闸方案引水 300 m^3/s，就能通航 1 000 t 级以上船舶。能如此实施，就修建了一条环洞庭湖的黄金水道。

③松滋口建闸，按照湖南省洞庭湖工程管理局和聂芳容的方案，除引水口外，还要专门建设船闸，引水流量分别是 500～1 000 m^3/s 和 300 m^3/s。只要松滋河疏浚到新江口，以下河段同洋溪引水方案，就能成为环洞庭湖黄金水道。

④津石运河，开挖的目的之一就是开辟洞庭湖第二个出海口，如果能实施，应能实现提出者的初衷。

⑤常德大运河，开挖的目的之一就是开辟洞庭湖第二个出海口，如果能实施，应能实现提出者的初衷。

（2）蓄洪补枯

蓄洪补枯必须修建拦水大坝或闸，对航运的影响可分两种情况：一种为在坝内即所谓“平原水库”内，因水位抬高而有利于航远；另一种情况为船舶要过船闸，因费时而不利于航运。

6.7 满足湿地生态需水要求

按初步研究成果，生态需水有两层含义：一个是最低生态需水量，有三个不同数量，即 2.68 亿立方米、19.8 亿立方米和 154 亿立方米；另一个是出湖生态水量，为 1 000 m^3/s。

（1）引江济湖

引江济湖方案中如果像松滋口建闸那样在洋溪引水 500～1 000 m^3/s，那么松滋口建闸和开凿洋溪至新江口运河就能满足城陵矶出湖生态水量 1 000 m^3/s的要求，也就能保证洞庭湖湿地生态需水。但其引江济湖方案所引的水只能满足其自身范围内的要求，如塔市驿和调弦口引水就只能满足华容河沿岸和东洞庭湖的生态需水要求。

（2）蓄洪补枯

各个蓄洪补枯方案都只能解决所谓“平原水库”或“变湖为库”范围内的生态需水要求，由此导致出湖生态水量不仅不能增加，反而会减少。

6.8 工程投资少和建设周期短

（1）引江济湖

调弦口、塔市驿、松滋口和洋溪引水，其投资、工程周期有差异。

①调弦口引水，该处已建闸，主要工程是疏浚口门和华容河上游约 12 km 河段的泥沙。如果论证有必要疏浚还得新建提水泵站，其投资最广，建设周期最短，如要降低闸口底板高程，则又当别论。

②洋溪引水，要新开挖引水口和约 20 km 洋溪至新江口运河，是一项新工程，投资和建设周期较调弦口引水要多、要长。

③塔市驿引水，从塔市驿到洪山头开凿运河有 30 km，是一项新工程，投资较调弦口引水多，建设周期较调弦口引水长。

④松滋口引水要建闸，疏浚口门到松滋新江口泥沙工程量大，投资和建设周期较调弦口、洋溪和塔市驿引水都多、都长。

⑤津石运河和常德大运河，长度超过 150 km，深 10～15 m。据津石运河提出者估算，工程耗资 200 亿，常德大运河还将大于此数，开挖时间长。故投资量和工程周期在所有解决洞庭湖季节性缺水方案中可能仅次于城陵矶枢纽工程。

（2）蓄洪补枯

蓄洪补枯的“平原水库”或“变湖为库”视规模大小决定投资多少和建设周期的长短。其中城陵矶枢纽工程无论哪方面都为之最，其建设难度不会亚于三峡工程；其次是东、南洞庭湖和西洞庭湖的低坝蓄水；再次是某些河段的筑坝堵水。

解决洞庭湖季节性缺水的意见虽然有三类 12 种之多，但在洞庭湖区实施的方案只有引江济湖和蓄洪补枯。这些方案的主要功能中，第一位是“引水”和“蓄水”解决季节性缺水之困；第二位至少要维持现有的生态环境，并尽可能改善现有生态环境；第三位则是改善航运条件，恢复和重建环洞庭湖黄金水道。根据前述对各个方案的评述比较，总体来说引江济湖要优于蓄洪补枯，因为引江济湖工程能够充分发挥三项主要功能，因此引江济湖是解决洞庭湖区季节性缺水的最佳选择，特别是洋溪和松滋口建闸引水 1 000 m^3/s，引进江水 $100\times10^8\ m^3\sim200\times10^8\ m^3$。如能实现，洋溪和松滋口引水完全能解决洞庭湖区季节性缺水问题，所引之水是从洞庭湖上游到下游，湖内增水超过缺水量 $50\times10^8\ m^3$，又能保证出湖生态水流量不低于 990 m^3/s。实际上国内很多地区都不同程度地存在缺水，为解决这些问题，早已有引江济湖之举。现举五例：

①“引黄济淀”。河北省白洋淀是华北之肾，近年来缺水严重，频频挣扎在干淀边缘。从2006年开始建设引黄济淀工程，开辟从山东省位山闸到白洋淀引水渠道396 km。工程启用后，在2008年1月25日至6月17日开闸引水1.576亿立方米入白洋淀，6月21日水位上升1.16m，水面由45 km^{2}扩大到140 km^2，再现“华北明珠”风采。

②“引江入太”。苏州太湖是我国第四大淡水湖，面积2 338 km^2，与往年比较，也出现了低水位和水质不稳定的情况。苏州市水利局从2004年起，开始启用“引江入太”工程，通过望虞河和苏州的七大口门将长江水引进太湖，净化太湖水质，缓解水位过低的问题。苏州从2009年7月份就已经开始引长江水入太湖。目前，太湖水质稳定，水位维持在3.26 m左右，保持在正常范围之内。

③“引江济巢”。安徽省于2009年开展引江济巢工程的前期工作。巢湖是我国第五大淡水湖，面积750 km^2，污染严重，引江济巢工程有利于巢湖污染的综合治理。在省发改委、省水利厅的组织下，省水利水电勘测设计院编制完成了引江济巢工程项目建议书，提出了两套可供选择的方案：从上游白荡湖（白荡湖闸—白荡湖—罗昌河—黄泥河—巢湖），或者是菜子湖（枞阳闸—菜子湖—孔城河—白石天河—巢湖）引水。两条线路均长60～70 km，入湖后的出江线路均经巢湖闸通过裕溪河或牛屯河分洪道流入长江，实现江水与湖水的自流、自排。结合航道建设，初步估算两个方案预计投资分别为30亿元、50亿元左右。

④安庆的“引江济湖”。2008年6月24日长江安庆段水位达到13.27 m后开始缓慢回落。7月3日，长江安庆段水位跌至12.67 m。为此，安庆市7月1日开始，开启枞阳闸十孔闸门0.5 m，2日上午10时又开启杨湾闸六孔闸门0.2 m，将江水引至菜子湖、华阳河，以保证沿湖抗旱用水需求。

⑤武汉启动“引江济湖”工程。2002年8月开始启动的“武汉市汉阳地区水环境质量改善技术与综合示范”工程，是国家重大科技项目，目标是通过引江入湖，将龙阳湖、三角湖、墨水湖、南太子湖等四湖连通，构建良性城市水环境生态系统。后经专家论证，决定在原四湖的基础上，增加北太子湖及后官湖。这项工程总投资约5.43亿元，将采用“引江入湖”、沟渠连通等手段，恢复昔日江湖相通的格局，在汉江—湖泊—长江间形成动态水网，全面改善湖泊水质。引水线路主流方向为西进东出：长江→青山港闸→青山港→杨春湖→新东湖港→东湖→九峰渠→严西湖→北湖→北湖泵站→长江；补充线路为长江→曾家巷泵站→沙湖→东沙湖港→东湖→九峰渠→严西湖→北湖→北湖泵站→长江。另外，根据湖泊生态修复要求，近期引水方案还布置了两条支线。两大

水系连通后，年引水总量可达到 1.2 亿～2.07 亿立方米。

本章小结

本文对解决洞庭湖区季节性缺水方案按洞庭湖区可持续发展八个原则进行了评述比较，以从洋溪引水解决西、南及部分东洞庭湖季节性缺水，以及从塔市驿引水解决东洞庭湖季节性缺水为最好，比较结果如表 6-3 所列。

表 6-3　解决洞庭湖季节性缺水方案评述比较简表

<table>
<tr><th colspan="2" rowspan="2">方案</th><th colspan="8">评述比较原则</th></tr>
<tr><th>洪灾隐患</th><th>引水口的稳定性</th><th>工程地质条件</th><th>对湿地生态的影响</th><th>占用农地和移民</th><th>对航运的影响</th><th>生态需水的满足</th><th>投资与建设周期</th></tr>
<tr><td rowspan="6">引江济湖</td><td>调弦口引水</td><td>有洪灾隐患</td><td>不稳定</td><td>土岸，不好</td><td>无不良影响</td><td>不占用，不移民</td><td>开辟华容河航运</td><td>满足华容河、东洞庭湖</td><td>投资少，周期短</td></tr>
<tr><td>塔市驿引水</td><td>无洪灾隐患</td><td>稳定</td><td>岩岸，很好</td><td>无不良影响</td><td>占用少量，可不移民</td><td>恢复华洪运河航运</td><td>满足华容河、东洞庭湖</td><td>投资稍大，周期稍长</td></tr>
<tr><td>松滋口建闸引水</td><td>有洪灾隐患</td><td>较稳定</td><td>土岩岸交界，较好</td><td>无不良影响</td><td>不占用，不移民</td><td>开辟环洞庭湖航道</td><td>满足西、南、东洞庭湖</td><td>投资大，周期长</td></tr>
<tr><td>洋溪引水</td><td>无洪灾隐患</td><td>稳定</td><td>岩岸，很好</td><td>无不良影响</td><td>少量占用，可不移民</td><td>开辟环洞庭湖航道</td><td>满足西、南、东洞庭湖</td><td>投资较大，周期较长</td></tr>
<tr><td>津石运河引水</td><td>洪灾隐患严重</td><td>较稳定</td><td>开挖运河较好</td><td>无不良影响</td><td>大量占用，要移民</td><td>开辟洞庭湖第二出口</td><td>部分满足西、南洞庭湖</td><td>投资大，周期长</td></tr>
<tr><td>常德大运河引水</td><td>洪灾隐患严重</td><td>较稳定</td><td>开挖运河较好</td><td>无不良影响</td><td>大量占用，要移民</td><td>开辟洞庭湖第二出口</td><td>部分满足西、南洞庭湖</td><td>投资大，周期长</td></tr>
<tr><td rowspan="4">蓄洪补枯</td><td>城陵矶枢纽工程</td><td>有较严重洪灾隐患</td><td></td><td>很不好</td><td>有较大不良影响</td><td>不占用，可不移民</td><td>有利航运</td><td>满足南、东洞庭湖</td><td>投资巨大，周期特长</td></tr>
<tr><td>小河嘴、南嘴低坝</td><td>有洪灾隐患</td><td></td><td>较好</td><td>有不良影响</td><td>不占用，可不移民</td><td>有利航运</td><td>满足西洞庭湖</td><td>投资较大，周期较短</td></tr>
<tr><td>磊石低坝</td><td>有洪灾隐患</td><td></td><td>不太好</td><td>有不良影响</td><td>不占用，可不移民</td><td>有利航运</td><td>满足南洞庭湖</td><td>投资较大，周期较短</td></tr>
<tr><td>陈家河、藕池河、松滋河部分河段建平原水库等</td><td>有洪灾隐患</td><td></td><td>好</td><td>对局部有不良影响</td><td>不占用，不移民</td><td>不利航运</td><td>满足局部地段</td><td>投资小，周期短</td></tr>
</table>

07

结论与建议

一、结论

①洞庭湖是“江南古陆”的洞庭段在侏罗纪发生断陷而成的沉降盆地中的洼地汇水而成，其兴衰受制于地壳沉降和泥沙淤积的速率变化。只要存在自然的地球板块活动她就不会消亡，但近、现代人为的围湖造田、“北口尽堵”、荆江裁弯取直、三峡水库运行等却导致其产生了许多出人意料的不良影响。因此对洞庭湖的利用、改造务必遵循恩格斯所说的，我们的生产方式除取得直接的有益效果外，更不能忽视进一步的效果。

②洞庭湖枯水期水量并不是三峡水库修建前和修建时所论证的那样在运行后增大，而是严重减少并产生了季节性缺水。季节性缺水的产生有深刻的自然地质和人为改造利用的原因：一是自 1937 年以来荆江“四口”入湖水量减少严重，到三峡水库启用后只有 1937 年入湖水量的 1/4；二是长江及“四水”上游大规模修建水库在枯水期到来之前蓄水，使长江和洞庭湖水量严重“亏损”；三是枯水期三峡水库因发电和航运需要增大的坝下流量进不了洞庭湖。总之以三峡水库运行为标志的洞庭湖区季节性缺水已成各界共识，一致认为洞庭湖区防洪为之缓解，而出现了季节性缺水的抗旱局面，主要矛盾似有防洪向抗旱转化趋势，至少使汛期的防洪和枯水期的抗旱同等重要。

③洞庭湖季节性缺水导致了一系列生态问题，以下五个方面比较突出：一是旱情加剧，受旱面积增大，生产、生活用水日趋紧张，甚至人畜饮用水都成问题；二是越冬珍禽候鸟的数量和种类减少，由历史上的每年越冬候鸟 30 万～50 万只，减少至这些年不足 10 万只；三是东方田鼠的农业鼠害严重且频繁发生；四是扩展了血吸虫疫区范围；五是种植杨树面积无节制地扩大产生了诸多负面效应：人为造成了草滩湿地生态类型转变为森林湿地生态类型，使湿地景观破碎化加重，增加湿地温室气体 CO_2，破坏了原有的生态环境格局，影响了湿地生态多样性而使有些生物种类生存环境恶化；六是水质污染加剧，特别是“季节性缺水”导致了“季节性污染”。尽管如此，也要看到近年来由于有

关方面的重视，生态有所好转，标志之一是鸟类数量有所回升；特别值得一提的是三峡水库运行后在防洪方面带来的巨大效益被忽视了。

④通过初步研究，要使洞庭湖处于健康状态必须保证最低生态需水 2.68 亿立方米，最低入湖生态需水 154 亿立方米，出湖生态需水 1 000 个流量。

⑤虽然解决洞庭湖季节性缺水的方案和意见有三类 12 种之多，但适用洞庭湖区问题解决的只有引江济湖和蓄洪补枯。通过引水口不能因洪水期发生溃决成为洪灾隐患，引水口应不为荆江河床的冲刷或淤积而不稳定，解决引水工程的工程地质问题在现有的经济技术条件下是可行的，引水工程不能使湿地生态格局有大的改变，基本农田面积尽量少占和不移民，有利于航运、能满足洞庭湖湿地最小生态需水，引水工程投资要少和建设周期不能太长等八项原则的评述比较，引江济湖方案比蓄洪补枯方案要好。引江济湖方案中以洋溪引水和塔市驿引水最好，前者可恢复环洞庭湖黄金水道和满足西、南及部分东洞庭湖之生态需水；后者可弥补东洞庭湖生态需水之不足和缓解华容县之生活、生产用水的紧张。

二、建议

对现提出的各种方案，组织多学科多领域专家进行全面评估，特别对洋溪和松滋建闸引水的比较研究，调弦口和塔市驿引水的比较研究，对城陵矶建闸的工程地质条件专项前期研究，对津石运河和常德大运河占用基本农田和洪灾隐患专项研究。

附录（图集）

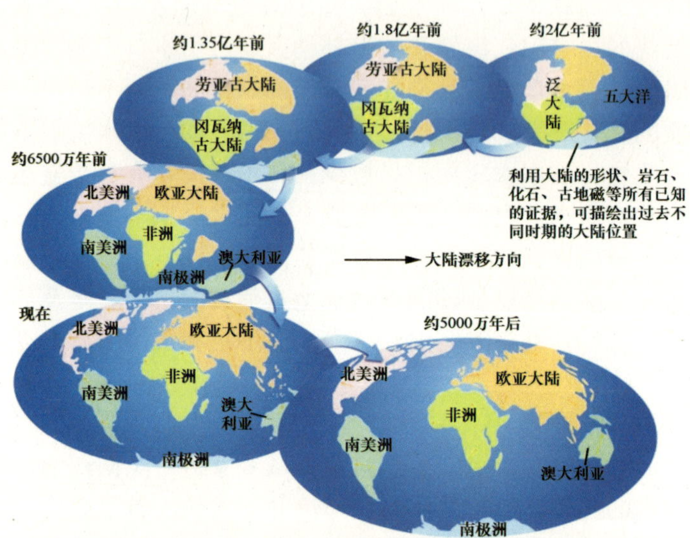

图 1　2 亿年前至未来 5000 万年的大陆位置图

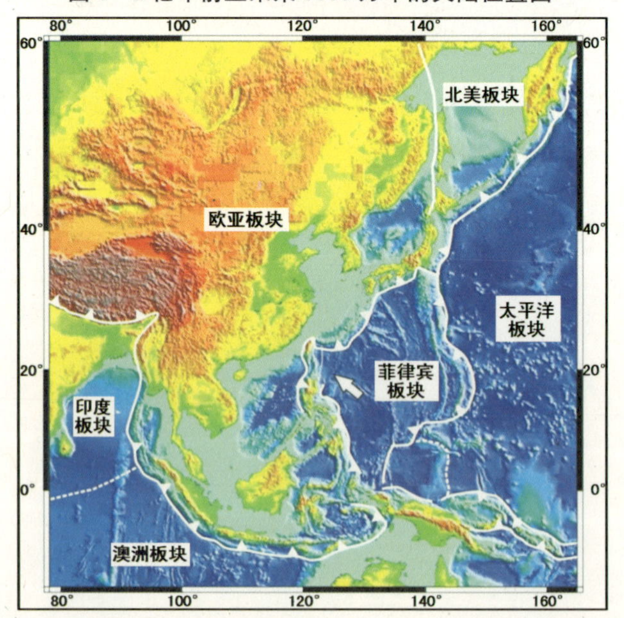

图 2　印度板块、欧亚板块和太平洋板块、菲律宾板块碰撞图

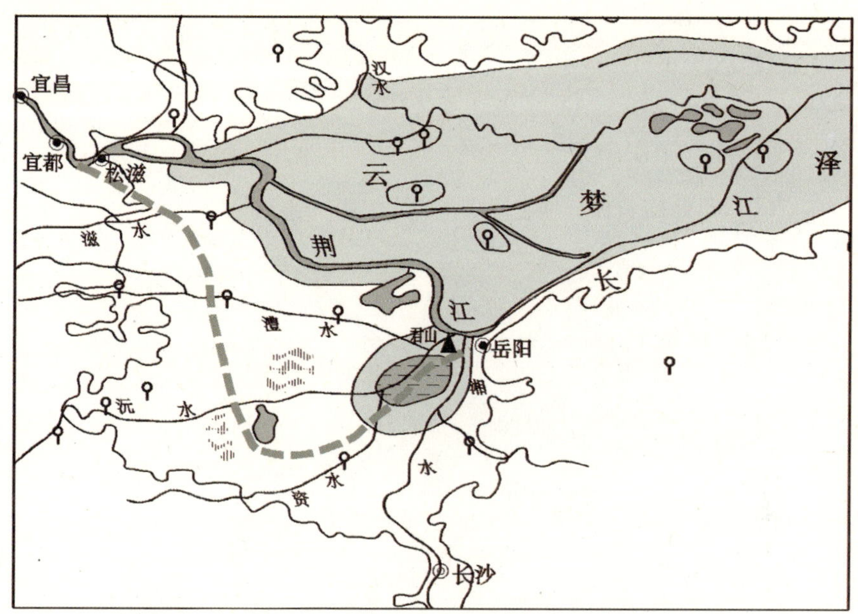

图 3　春秋时期

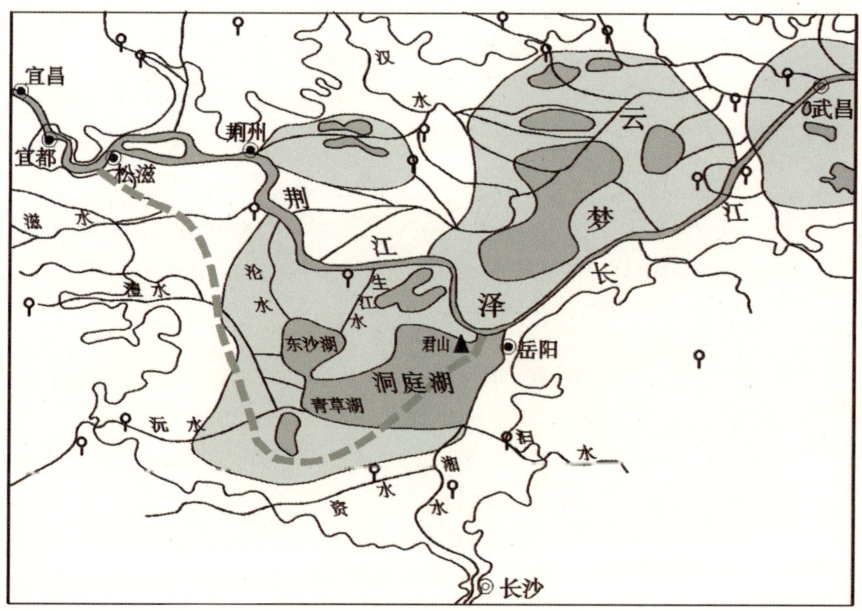

图 4　南北朝时期

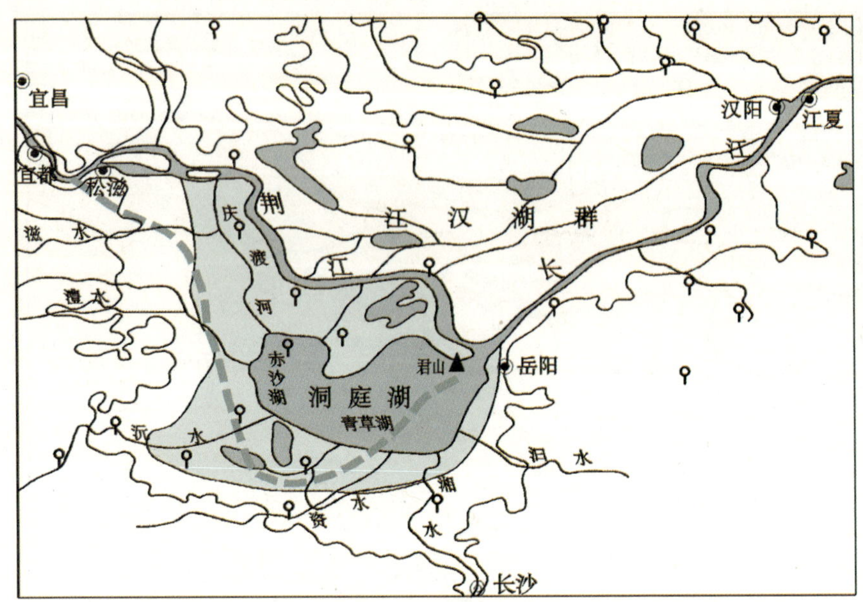

图 5　南宋时期

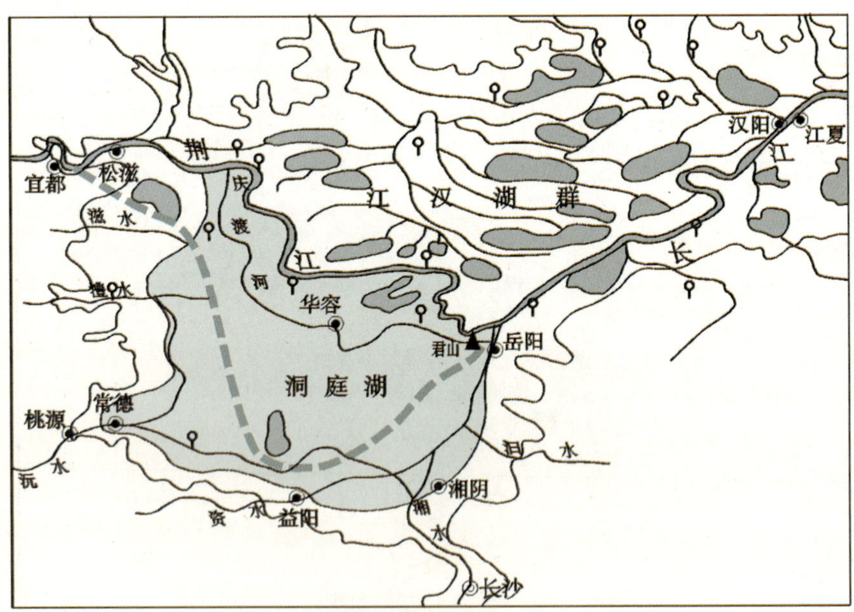

图 6　明清时期

图 7　南洞庭湖水平淤积层

图 8　南洞庭湖倾斜淤积层上覆水平淤积层 a

图 9　南洞庭湖倾斜淤积层上覆水平淤积层 b

图 10　溇水河床冲积层的断层

图 11　溇水河床冲积层中的褶皱及断裂现象

（行走者为首次发现者 李友贵 高工）

图 12　1631 年地震导致彭山山脉倒塌

图 13　1631 年地震致彭山山脉倒塌，澧水为之淤

图 14　东晋及以前荆江穴口图

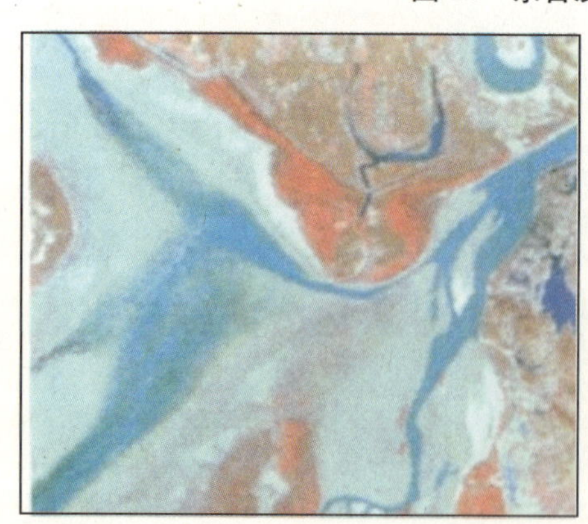

图 15　东洞庭湖 1978 年 8 月 6 日遥感图像

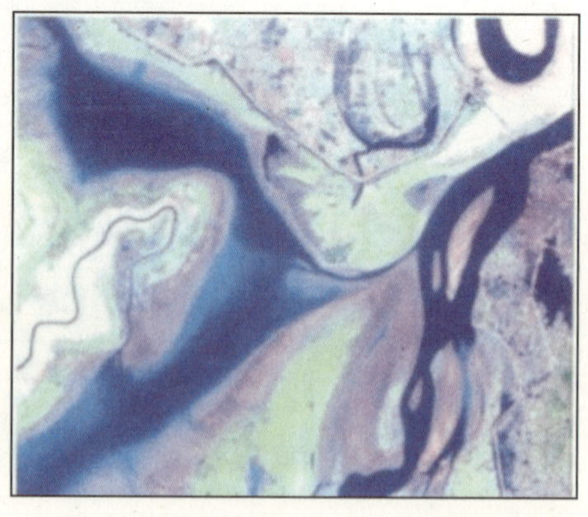

图 16　东洞庭湖 2003 年 1 月 17 日遥感图像

图 17　东洞庭湖 2007 年 5 月 3 日遥感图像

图 18　调弦闸后枯季口门被淤泥沙阻隔长江主航道

图 19　调弦闸前枯季的华容河断流

图 20　调弦闸后枯季的口门露出的淤泥沙

图 21　虎渡河（安乡）断流

图 22　藕池河（湖北石首）断流

图 23　藕池河西支（南县）断流

图 24　松滋河（湖北松滋市）断流

图 25　松滋河（安乡）断流

图 26　引水涵闸闸高水低

图 27　近乎废弃的涵闸

图 28　反嘴鹬群

图 29　小白额雁群

图 30　夕阳中栖息树梢的乌群

图 31　麋鹿群

图 32　惊奇的麋鹿

图 33　干裂的苔草滩

图 34　枯裂的苔草滩

图 35　宜鸟觅食栖息的苔草滩

图 36　东方田鼠 a

图 37　东方田鼠 b

图 38　东洞庭湖麻塘村春风湖的袁普查介绍，今年东方田鼠很难成气候

图 39　东洞庭湖北洲子舵杆洲的防鼠墙

图 40　东洞庭湖北洲子舵杆洲无东方田鼠踪迹

图 41　南洞庭湖茶盘洲的杨跃辉介绍，今年没有看到老鼠的鬼影子

图 42　草滩开沟人为演替为林滩

图 43　汉寿县某杨树基地的虫害

图 44　机械化开沟垒垄栽植杨树

图 45　垒垄的小排水沟与大排水沟

图 46　排污口之污染状态

图 47　排污口之污水

图 48　2011 年 6 月 16 日北洲子某纸厂排污口污水长龙

图 49　2011 年 6 月 16 日北洲子某纸厂排污口污水流经处生物绝迹

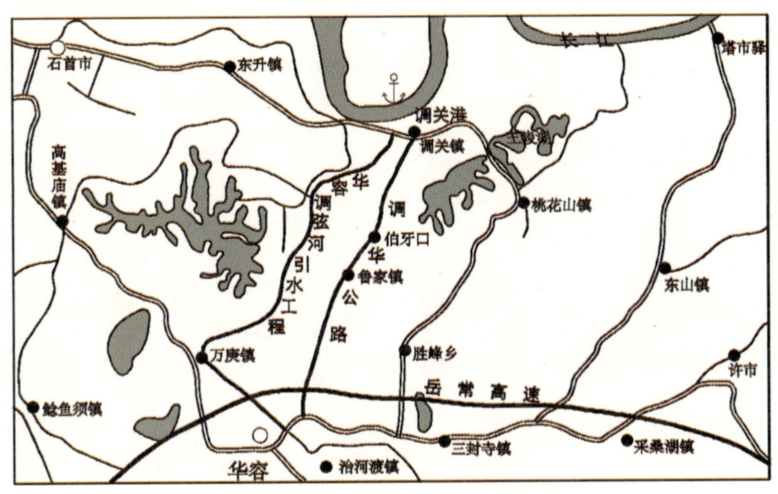

图 50　调关闸引水工程路线图

图 51　长江水由调弦闸入华容河

图 52　有流水的华容河

图 53　调关闸口门被泥沙淤塞

图 54　调关闸口门淤塞泥沙层

图 55　华容河河床被泥沙淤塞

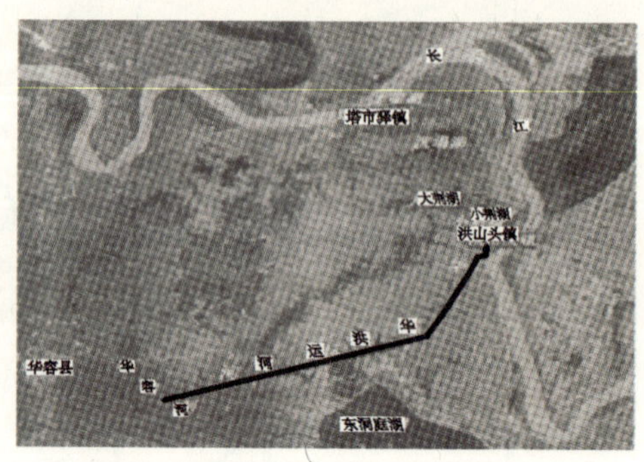

图 56　塔市驿引水入华洪运河卫星影像图

图 57　小墨山花岗岩岩体

图 58　华洪运河

图 59　华洪运河北抵长江大堤

图 60　被阻断的华洪运河

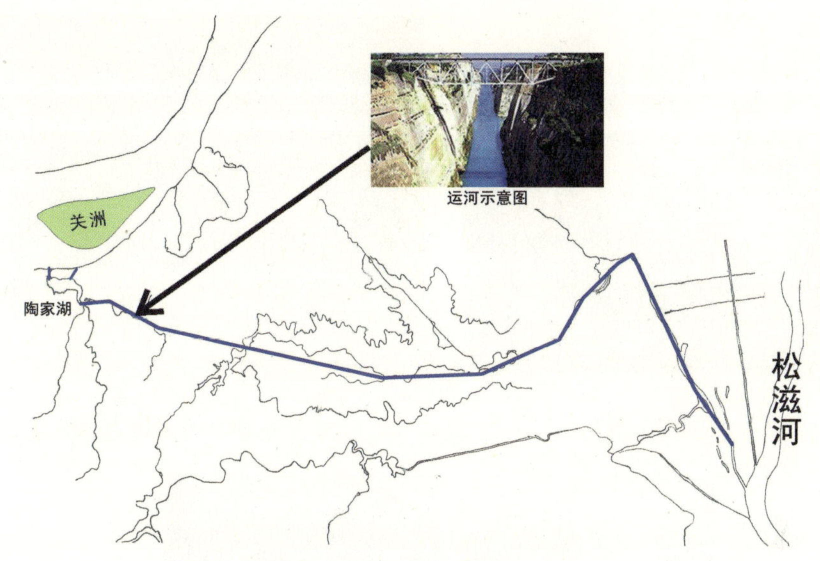

图 61　神湖口至松滋河运河

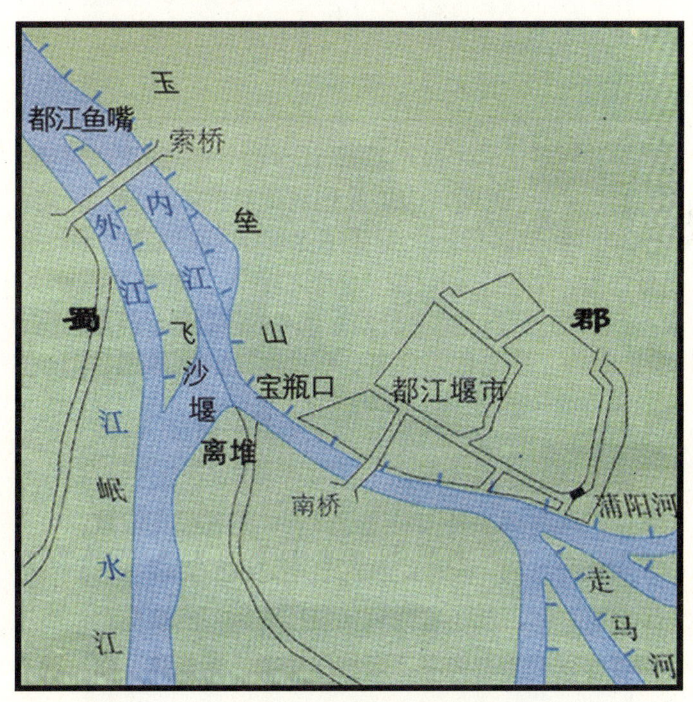

图 62　都江堰三大工程位置图

图 63　都江堰宝瓶口

图 64　都江堰宝瓶口局部

图 65　都江堰鱼嘴

图 66　都江堰飞沙堰

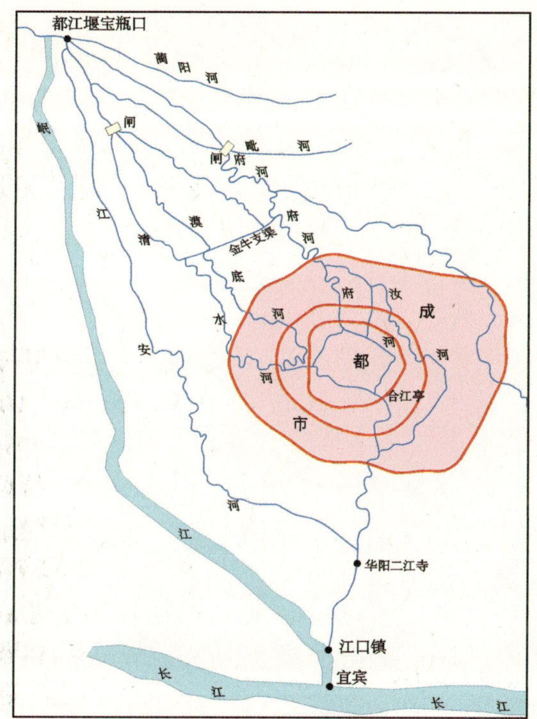

图 67　岷江—都江堰—成都市

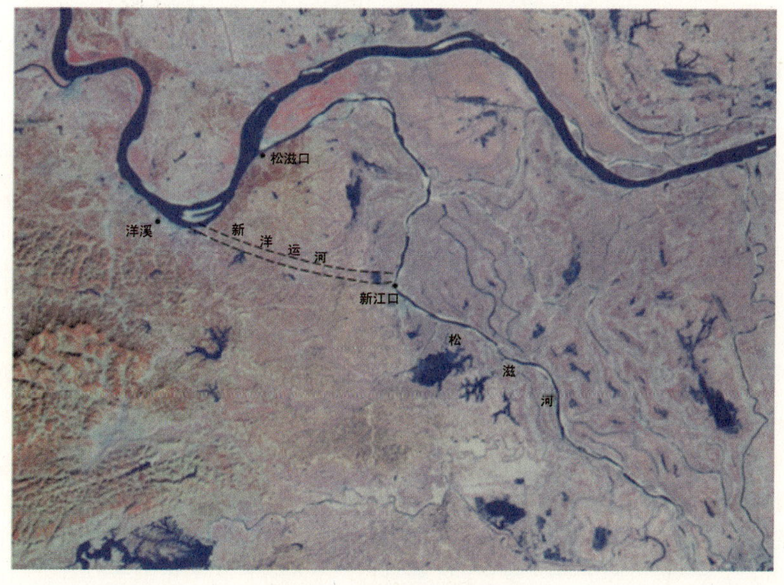

图 68　新洋运河示意图

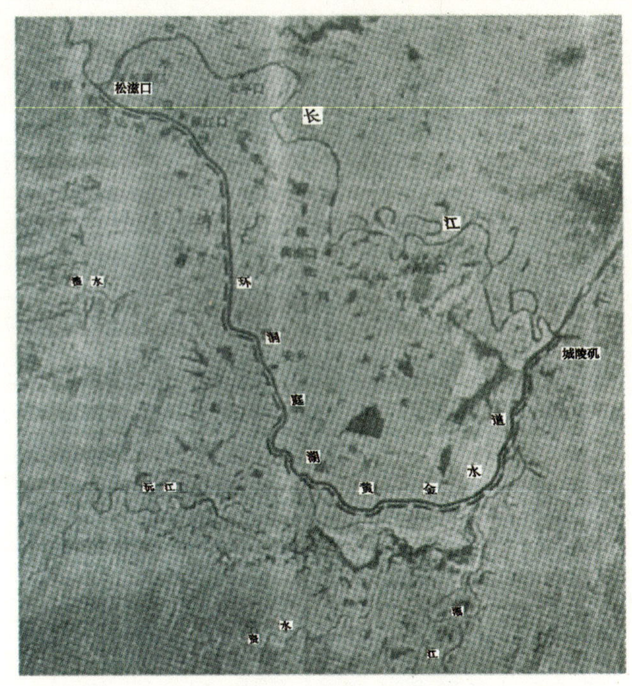

图 69　环洞庭湖黄金水道

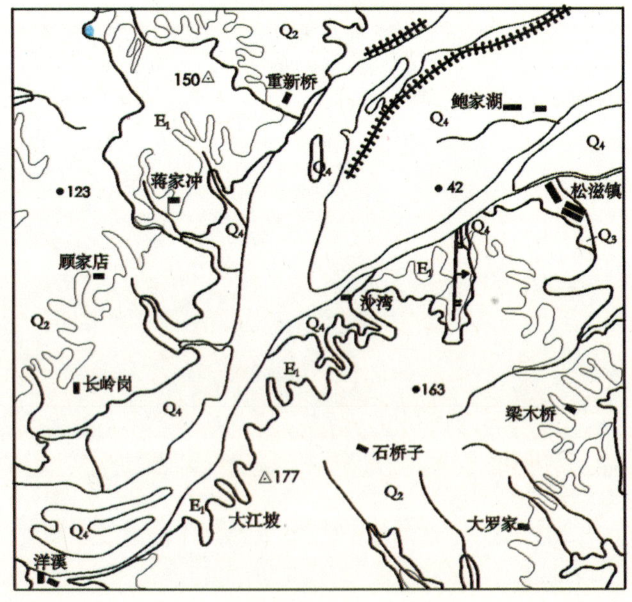

图 70　松滋口一带 1/20 万区域地质图（浅红色 Ef 为第三系基岩）

图 71 津石运河示意图

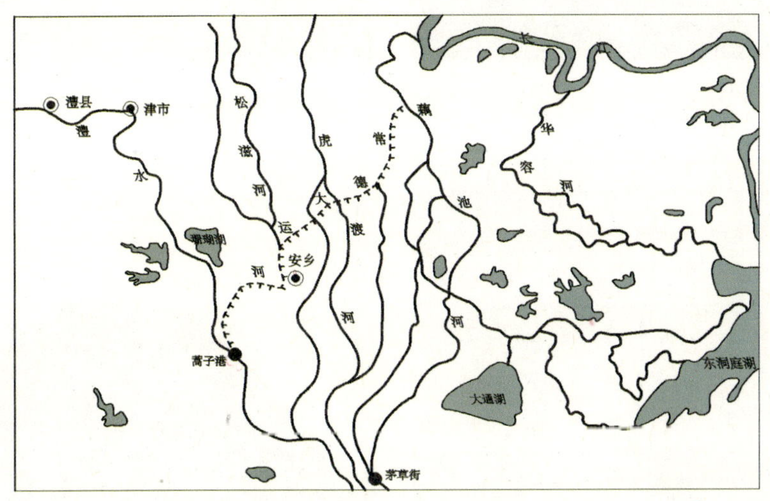

图 72 常德大运河示意图

图 73　松滋口西岸为白垩—第三纪砂页岩，东岸为百里洲滩东

图 74　松滋口西岸岩层向北倾，倾角 40°左右

图 75　下第三系厚层红色砂岩

图 76　中更新世统网纹红土和砾石层

图 77　岳阳楼楼基花岗岩条石被拉断的坼裂

图 78　慈氏塔第 3、第 4、第 5 层塔角因旋转变形不在一条线上

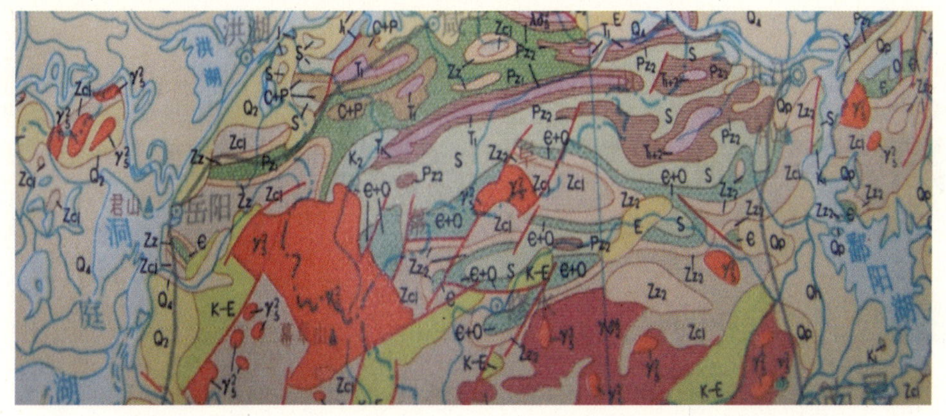

图 79　洞庭湖—鄱阳湖区域地质图（据《南岭及邻区地质图》）

图 80　秋汛淹没了候鸟们觅食、栖息的湖滩（陈桐清）

图 81　大雁和白琵鹭飞向内湖觅食，因食物不足，只好飞来飞去（陈桐清）

图 82　飞向农田的雁群（陈桐清）

图 83　在农田上空飞翔的雁群（陈桐清）

图 84　大雁饥肠辘辘，只好大胆来路边觅食（陈桐清）

图 85　来到农田中觅食的大雁（陈桐清）

参考文献

[1] 贾宝华，彭和求，等．湘东北前寒武纪地质与成矿，北京：地质出版社，2005.

[2] 车勤建，伍光英，唐晓珊，等．湘东北中元古代冷家溪群的解体及其地质意义．华南地质与矿产，2005（1）．

[3] 陈丕基．晚白垩世中国东南沿岸山系与中南地区的沙漠和盐湖化，地层学杂，1997，21（3）．

[4] 汪品先．新生代亚洲形变与海陆相互作用．地球科学（中国地质大学学报），2005，30（1）．

[5] 陈国达，关于洞庭湖洪灾治理中的地质构造研究问题．大地构造与成矿学，1999，23（1）．

[6] 张承建，王学萍．再造千里洞庭．中国国家地理，2007，559（5）．

[7] 李友贵．澧水河谷发现全新世地层的褶皱与断层．湖南地质，1993，12（3）．

[8] 湖南地震局．湖南地震史．长沙：湖南科学技术出版社，1982.

[9] 梅莉．洞庭湖区垸田的兴盛与湖南粮食的输出．中国农史，1991，2.

[10] 王克英，郭辉东．洞庭湖治理与开发．长沙：湖南人民出版社，1998.

[11] 濮培民，等．三峡工程与长江中游湖泊洼地环境．北京：科学出版社，1994.

[12] 长江水利委员会．三峡工程泥沙研究．武汉：湖北科学技术出版社，1997.

[13] 荆江大堤志编纂委员会．荆江大堤志．南京：河海大学出版社，1989.

[14] 林承坤．洞庭湖水沙特征与湖泊沉积．北京地理科学，1987，17（1）．

[15] 黎昔春，等．三峡工程对洞庭湖区河道、湖泊的影响及其演变趋势研究．三峡工程与洞庭湖关系研究．长沙：湖南科学技术出版社，2002.

[16] 朱翔，等．三峡工程对洞庭湖区土地利用和生产力布局的影响及其对策研究．三峡工程与洞庭湖关系研究．长沙：湖南科学技术出版社，2002.

[17] 李长安，等．长江中游环境演化与防洪对策．武汉：湖北科学技术出版社，1997.

[18] 杨怀仁，唐日长．长江中游荆江变迁研究．北京：中国水利水电出版社，1999.

[19] 龚树毅，陈国金．长江中游地区第四纪河湖演变及其对环境的影响．地球科学（中国地质大学学报），1997（2）．

[20] 李景保，常疆吕，殿青，等．三峡水库调度运行初期荆江与洞庭湖区的水文效应．地

理学报，2009，64（11）.
[21] 姜端午，黄树春，张苑平，等．基于地质环境遥感调查与监测数据探讨洞庭湖演变规律．国土资源遥感（增刊），2010，86.
[22] 蔡述明，等．三峡工程与沿江湿地及河口盐渍化．北京：土地科学出版社，1997.
[23] 濮培民，等．三峡工程与长江中游湖泊洼地环境．北京：科学出版社，1994.
[24] 谭培伦．洞庭湖区域综合治理与三峡工程关系简析．长沙：湖南人民出版社，2003.
[25] 聂芳容，等．研究成果综论·三峡工程与洞庭湖关系研究．长沙：湖南科学技术出版社，2002.
[26] 朱翔，等．三峡工程对洞庭湖区土地利用和生产力布局的影响及其对策研究．三峡工程与洞庭湖关系研究．长沙：湖南科学技术出版社，2002.
[27] 钟吕云．三峡工程对洞庭湖的影响．长江与洞庭湖关系诸论．长沙：湖南科学技术出版社，2002.
[28] 湖南省地质调查院．长江中游洞庭湖水患区环境地质调查评价．长沙：湖南科学技术出版社，2002.
[29] 湖北省地质调查院．长江中游主要水患区环境地质调查评价．长沙：湖南科学技术出版社，2002.
[30] 詹晓安，等．三峡工程对洞庭湖水文情势的影响及其发展趋势·三峡工程与洞庭湖关系研究．长沙：湖南科学技术出版社，2002.
[31] 皮建高．论三峡工程对洞庭湖区土壤潜育化和沼泽化的影响．湖南地质，1995（4）.
[32] 韩其为．论长沙中游防洪的几个问题．中国三峡建设，2003（3）.
[33] 廖小永，卢金友，黎礼刚．三峡水库蓄水运行后荆江河道特性变化研究．人民长江，2007.
[34] 聂芳容．化洪水为资源．长沙：湖南人民出版社，2009.
[35] 李景保，王克林，杨燕，等．洞庭湖区 2000—2007 年农业干旱灾害特点及成因分析．水资源与水工程学报，2008，19（6）.
[36] 朱幸平，聂芳容．荆江两岸松滋新江口及其他三口建闸方案研究．人民长江．2009，40（14）.
[37] 李景保，常疆，吕殿青，等．三峡水库调度运行初期荆江与洞庭湖区的水文效应．地理学报，2009，64（11）.
[38] 谢云辉．洞庭湖环保刻不容缓．大自然，2007（5）.
[39] 戴枚斌，易合成，李剑志．2009 年南洞庭湖冬季鸟类监测报告．岳阳职业技术学院学报，2010，25（2）.
[40] 李煜，姚毅．洞庭湖候鸟季．森林与人类，2010，3.
[41] 李波，王勇，张美文．洞庭湖区东方田鼠种群暴发期间的行为特征观察．动物学杂志，2008，43（2）.
[42] 李景保，周和平，周亮．水沙过程对洞庭湖区东方田鼠种群动态及群发致害的影响．自然灾害学报，2008，17（4）.

[43] 邹邵林，等．环境演变及三峡工程对洞庭湖区东方田鼠种群影响的评估．应用生态学报，2002，13（5）．
[44] 张美文，李波，王勇．洞庭湖东方田鼠 2007 年暴发成灾原因剖析．农业现代化研究，2007，25（5）．
[45] 湖南医学院．长沙马王堆汉墓女尸研究．北京：文物出版社，1980.
[46] O. T. Loqan. 湖南第一例由日本血吸虫引起的痢疾病例．中华医学杂志（英文版），1905.
[47] 陈福鑫．血吸虫病的研究与预防．长沙：湖南人民出版社，1964.
[48] 湖南省血防办公室．湖南 2000 年血防工作统计资料．2001.
[49] 左家铮．三峡工程对洞庭湖区钉螺孳生和血吸虫病流行影响及其对策研究//三峡工程与洞庭湖关系研究．长沙：湖南科学技术出版社，2002.
[50] 马巍，廖文根，匡尚富，等．洞庭湖钉螺扩散与水情变化规律．长江流域资源与环境，2006，18（3）．
[51] 朱朝峰，方育红，王朝生．三峡工程对长江中游及洞庭湖洲滩血吸虫的影响．人民长江，2011，42（1）．
[52] 黄翠云，赵正元，邓光辉，等．2000～2009 年湖南省洞庭湖区血吸虫疫情趋势分析．中国血吸虫病防治．2010，22（3）．
[53] 王海银，何宗，周艺彪，等．洞庭湖区钉螺生存状态观察．复旦学报，2010，37（4）．
[54] 汤玉喜，吴立勋，徐世凤，等．滩地淹水胁迫对杨树生长的影响的研究．湖南林业科技，2002（1）．
[55] 王灵艳，郑景明，罗菊春，等．洞庭湖湿地植被自然演替规律研究．环境保护，2009（4）．
[56] 申锐莉，等．洞庭湖水质评价．湖泊科学，2006，18（3）．
[57] 郭建平，吴甫成，等．洞庭湖水体污染及防治对策研究．湖南文理学院学报，2007（1）．
[58] 卢宏玮，等．三峡工程运行对洞庭湖水环境容量的影响．环境工程，2004，22（1）．
[59] 李晓东，曾光明，梁婕，等．基于层次分析法的洞庭湖健康评价．人民长江，2009，40（14）．
[60] 崔保山，杨志峰．湿地生态系统健康研究进展．生态学杂志，2001，20（3）．
[61] 聂芳容．湖南水资源综合利用．长沙：湖南人民出版社，2005.
[62] 李景保，常疆，吕殿青，等．三峡水库调度运行初期荆江与洞庭湖区的水文效应．地理学报，2009，64（11）．
[63] 张硕辅．基于健康理论的洞庭湖生态系统评价、预测和重建技术研究．长沙：湖南大学，2007.
[64] 冯夏清，章光新．湿地生态需水研究进展．生态学，2008，27（12）．
[65] 张绪良．南四湖湿地生态环境需水量研究．齐齐哈尔大学学报，2004，20（2）．

[66] 谭晓明．浅析洞庭湖区最少生态需水量．人民长江，2009，40（14）．
[67] 杨薇，杨志峰，孙涛．湿地生态需水量与配水研究进展．湿地科学，2008，6（4）．
[68] 黄梅，言迎，罗军．基于生态保护的洞庭湖湿地生态需水量研究．湖南农业大学学报（自然科学版），2009，35（6）．
[69] 刘静玲，杨志峰．湖泊生态环境需水量计算方法研究．自然资源学报，2002，17（5）．
[70] 崔保山，杨志峰．湿地生态环境需水量等级划分与实例分析．资源科学，2003，25（1）．
[71] 朱宰平，聂芳容．荆江南岸松滋新江口及其他三口建闸方案研究．人民长江，2009，7.
[72] 王义高，开凿津石运河寻找洞庭第二出海口．经济聚焦，2009（11）．
[73] 周北达，卢承志．城陵矶建设综合枢纽工程可行性探讨．人民长江，2009，14.
[74] 李义天，彭杨，谢葆玲，等．三峡水库汛末蓄水方案比较．水电能源科学，2002，20（1）．
[75] 彭杨，李义天，谢葆玲，等．三峡水库汛后提前蓄水方案研究．水力发电学报，2002（3）．
[76] 刘心愿，郭生练，刘攀，等．考虑综合利用要求的三峡水库提前蓄水方案．水利学进展，2009，20（6）．
[77] 聂芳容．化洪水为资源．长沙：湖南人民出版社，2009.
[78] 廖小永，卢金友，黎礼刚．三峡水库蓄水运行后荆江河道特性变化研究．人民长江，2007，11.
[79] 卢金友，等．长江中游下荆江调弦口治理方案探讨．长江科学院院报，2009，26（3）．
[80] 柏道远，周柯军，马铁球，等．第四纪洞庭盆地沅江凹陷东缘鹿角地区构造—沉积演化研究．地质力学学报，2009，15（4）．
[81] 吴敦银，等．鄱阳湖控制工程的初步研究．江西师大学报，2003，27（4）．
[82] 袁正科，等．三峡工程对洞庭湖湿地资源和生物多样性的影响及对策研究．三峡工程与洞庭湖的关系．长沙：湖南科学技术出版社，2002.
[83] 童潜明，蔡悦林，余德清，等．地质作用与三峡工程对洞庭湖演变的影响·三峡工程与洞庭湖的关系．长沙：湖南科学技术出版社，2002.
[84] 龚胜生．两湖平原城镇发展的空间过程．地理学报，1996，51（6）．
[85] 童潜明．洞庭湖的演化与生态．生态与环境，2003（20）．
[86] 李长安，张玉芬，等．长江中游流域自然环境的对称性及其对区域经济发展的影响．长江流域资源与环境，2002，11（4）．

后　记

本书是我及其研究团队在湖南省哲学社会科学成果评审委员会确定的研究课题“解决洞庭湖季节性缺水方案比较研究”的基础上，综合以往湖南省科技厅、湖南省发改委和湖南省国土资源厅下达的有关以地学为主导研究洞庭湖的研究成果撰写而成。

我一直以为，洞庭湖经济要发展，湿地生态要保护，必须考虑100多年前恩格斯的环保观点：“到目前为止，存在过的一切生产方式，都只在于取得劳动的最直接的有益效果，那些只在以后才显现出来的，由于逐渐地重复和积累才发生作用的进一步结果是完全被忽视的。”如果说对于洞庭湖曾经的“围湖造田”“荆江裁弯取直”等治理措施，“由于逐渐地重复和积累才发生作用的进一步结果是完全被忽视的”话，那么解决洞庭湖季节性缺水就不能忽视逐渐地重复和积累的进一步结果，否则就会使“围湖造田”“荆江裁弯取直”等负面影响重蹈覆辙。这就是撰写本书的目的，希望今天在实施“洞庭湖生态经济区规划”时不要只为直接的有益效果，而忽视逐渐地重复和积累的进一步结果。

在书稿即将付梓之际，我要感谢湖南省哲学社会科学成果评审委员会给我提供的研究平台，感谢洞庭湖经济发展研究会刘宏秘书长和郭辉东首席专家的帮助；还要感谢湖南省地质研究科学院领导的支持；要特别感谢湖南大学出版社刘旺老师的精心编辑，不厌其烦地对图、文、数字的修订。

在我2003年退休后，我的洞庭湖研究成果第一次以专著形式得以公之于世，是我晚年幸事，我将继续老骥伏枥，潜心研究，明白做人。

童潜明

2014年4月于长沙

编后记

“洞庭湖生态经济区研究”丛书是由湖南省洞庭湖区域经济社会发展研究会会长、原湖南省人大常委会副主任颜永盛同志主持的2011年湖南省哲学社会科学成果评审委员会“洞庭湖区域经济社会发展系列研究”重大委托课题的最终成果，目前已形成《洞庭湖生态经济区建设构想》《洞庭湖区腹地生态经济发展战略研究》《洞庭湖区域新型工业化战略研究》《洞庭湖区域产业结构调整研究》《农村城镇化研究——以洞庭湖区域为例》《解决洞庭湖区季节性缺水方案比较研究》《洞庭湖生态经济区建设与湿地保护研究》《洞庭湖生态系统服务功能研究》《湖南省洞庭湖区域建设系统性融资规划（2011—2015）》《洞庭湖的演变、开发和治理简史》等十余部专著。本丛书于2012年被列入湖南省重点图书音像出版项目，于2013年被列入“十二五”国家重点图书出版规划项目。

为了认真组织本丛书的撰写，湖南省洞庭湖区域经济社会发展研究会成立了编委会，由洞庭湖区域经济社会发展研究会名誉会长梅克保（国家质量监督总局副局长、原湖南省委副书记）、王克英（原湖南省政协主席）、吴向东（原湖南省委副书记）任顾问，洞庭湖区域经济社会发展研究会会长颜永盛（原湖南省人大常委会副主任）任主任，洞庭湖区域经济社会发展研究会副会长（以姓氏笔画为序）刘宏（原湖南省社会科学界联合会巡视员）、刘茂松（湖南师范大学教授）、李松龄（湖南大学教授）、柳思维（湖南商学院教授）、蔡四桂（原中南林业科技大学党委副书记）任委员。每本专著，都由省内知名专家撰写。丛书编委会在丛书付梓之际，对各位领导、各位专家的辛勤劳动表示衷心感谢！

在本丛书的组稿、评审、编辑、出版过程中，蔡四桂、刘宏、刘茂松、李松龄、柳思维、吴纪宁、杜登峰、周华做了大量工作，湖南大学出版社给予了大力支持，在此，一并表示感谢！

本丛书尚有许多不足之处，恳请有关专家继续深入研究，恳请读者批评指正。

丛书编委会

2014年4月